PRICE OF
MFORT

從僵化到改變，
找出停滯不前的癥結

成長始於離開舒適圈

安逸的代價！

西武 著

心態決定高度
世界隨你重塑

行動勝於空想
停止猶豫，夢想終將從遠方走向眼前

目錄

序言

在部落格上看到這麼一段話：

小學的時候，看名人故事，感覺就是在記錄你的一生，你說，你也要成為偉大的革命家……

高中的時候，你發現革命家就像皇帝一樣，已經不太可能存在了，你要改當文學家……

大學的時候，你還能面對未來憧憬：你要出國留學，還要娶上七個老婆……

等你工作一段時間，你會發現，柴米油鹽醬醋茶，開門七件事，就像圍繞你打轉的七個老婆。於是你感嘆：人生的路啊，怎麼越走越窄？

是啊，不只是你，大多數人時常也有這樣的感嘆，感嘆雄心不再，感嘆生活瑣碎！隨著年紀增大，總感覺生活圈越來越小，負擔越來越重，朋友越來越少……

生活怎麼會變成這樣？到底是哪個地方出了問題？是我們不夠聰明，不夠努力，還是命運對我們不公呢？

其實很多時候，性格決定選擇，選擇決定命運，人生的路是寬是窄，一切都掌握在你自己的手中。你自己的心態、選擇等因素決定了你的人生之路是越走越寬呢，還是越走越窄。

第一章
描繪未來：你希望成為怎樣的自己

人生重要的不是所站的位置，而是所朝的方向。成功路上重要的不是努力，不是奮鬥，而是選擇！選擇錯誤，努力白費，人生的路也隨之越走越窄。

想像一下你三年後在做什麼

選擇不同，人生道路也不同。

有三個人要被關進監獄三年。典獄長告訴他們，可以滿足他們每人一個要求。其中的美國人愛抽雪茄，就要了三箱雪茄。法國人最喜歡浪漫，要了一個美麗的女子相伴。猶太人則說他要一部與外界聯絡的電話。

一轉眼三年過去了，到了出獄的時間，第一個衝出來的是美國人。只見他心急火燎地找火，原來他忘了要火。這三年可真是折磨他，實在難熬。

接著出來的是法國人。只見他手裡抱著一個孩子，身旁那個美麗女子手裡也牽著一個孩子，女子肚子裡還懷著一個孩子。法國人走出監獄，感到前途一片迷茫。

最後出來的是猶太人，他緊緊地握住典獄長的手說：「這三年來我每天利用電話與外界聯絡。我的生意不但沒有停擺，反而更好了。為了表示感謝，我送您一輛勞斯萊斯！」

正是三年前三個人的不同選擇，決定了他們之後各自不同的生活。所以說，什麼樣的選擇決定什麼樣的生活。今天的生活是由我們之前的選擇所決定的，而今天我們的選擇將決定我們以後的生活。

戴維十九歲那年，在美國休士頓太空中心的宇宙飛船實驗室裡工作，同時也在太空中心旁邊的休士頓大學主修電腦資訊。縱然忙於學校、睡眠與工作之間——這幾乎占據了戴維一天二十四小時的全部時間，但只要有空閒，他就會把時間用在自己喜愛的音樂創作上。

寫歌詞不是戴維的專長，因此他想要尋找一位擅長寫歌詞的搭檔與他一起聯手創作。後來，戴維認識了瓦萊麗。她是一位聰慧漂亮的女孩子。在戴維的事業剛剛起步時，瓦萊麗給了他很大的鼓勵。

年僅十九歲的瓦萊麗在德克薩斯州的詩詞比賽中，得過很多獎。她寫的東西總是讓戴維愛不釋手。此後，他們合作寫了很多很棒的作品。一直到今天，戴維仍然認為這些作品充滿了特色與創意。

那個時候，瓦萊麗知道戴維對音樂的執著。然而，面對那遙遠的音樂界及整個美國陌生的唱片市場，他們一點管道都沒有。在一個星期六，瓦萊麗熱情地邀請戴維到她家的牧場烤肉。那天，他們兩個人坐在德克薩斯州鄉下的牧場，一點也不知道下一步該如何走。

突然間，瓦萊麗冒出一句話：「想像一下你三年後在做什麼？」戴維愣了一下。瓦萊麗轉過身來，手指著戴維說：「嘿！告訴我，你心目中最希望三年後的你在做什麼，你那個時候的生活是什麼樣子？」

戴維還來不及回答，瓦萊麗又搶著說：「別急，你先仔細想想，完全想好，確定後再說出來。」戴維沉思了幾分鐘，告訴她：「第一，三年後我希望能有一張我的唱片出現在市場上，而這張唱片很受歡迎，可以得到許多人的認可；第二，我希望住在一個有很多很多音樂人的地方，能天天與一些世界一流的樂師一起工作。」

瓦萊麗說：「你確定了嗎？」戴維慢慢地，而且拉了一個很長的音，回答道：「Yes！」瓦萊麗說：「好，既然你確定了，我們就把這個目標倒過來算一算。如果第三年，你有一張唱片在市場上銷售，那麼在第二年半的時候一定要跟一家唱片公司簽上合約。」

「那麼你的第二年一定要有完整的作品，可以拿給很多很多的唱片公司聽，對不對？」

「那麼你在一年半後，一定要有很棒的作品開始錄音了。」

「也就是說你的第一年，一定要把你所有要準備錄音的作品全部編曲，排練就位。」

「那麼你的前六個月，就要把那些沒有完成的作品完成，讓你自己可以逐一篩選。」

「那麼你的第一個月就要把目前這幾首曲子完工。」

「你的第一個禮拜就要先列出一個清單，排出哪些曲子需要修改，哪些已經完工。」

「好了，我們現在不就已經知道你下個星期一要做什麼了嗎？」瓦萊麗微笑著說。

「喔，對了！你還說你三年後，要生活在一個有很多音樂人的地方，與世界一流的樂師一起工作，對嗎？」她急忙地補充說，「如果，你的第三年已經與這些人在一起工作，那麼照理來說，你在第二年半時應該有你自己的工作室或錄音室。那麼你的第二年，應該不是住在德克薩斯州，而是已經住在紐約或洛杉磯了。」

瓦萊麗的一席話，讓戴維真切地感覺到時間就像高高揚起的皮鞭，讓他不得不奮力向目標靠近。

第二年，戴維辭掉令許多人羨慕的太空中心的工作，離開了休士頓，搬到洛杉磯。

說也奇怪，不敢說是剛好三年，差不多在第四年的時候，戴維的唱片開始在全球暢銷，他的名字也迅速被人們所熟知。他也確實天天與業內一些頂尖的音樂高手一起工作。

戴維實現了自己的目標，你呢？你的目標是什麼？其實，我們每個人都需要這樣的提問。在你困惑的時候，在你感覺不知如何走下去的時候，你不妨靜下心來問問自己：「幾年後你最希望看到你自己在做什麼？」這樣，你就會找到行動的方向，感受到時間的緊迫。

今天的選擇決定了我們以後的生活。任何成功都需要我們從現在開始有計劃地工作，不要等到幾年後，空餘無謂的嘆息。

選擇題不易做

人生就是一道選擇題。左還是右、A還是B的選擇，取捨時刻伴隨著人們。從每天要穿哪一套衣服出門開始，你就在選擇。因為你總不能光著屁股走出去吧——光著屁股走出去也是你的選擇。走哪條路上班，中午要去哪裡吃飯，你都在選擇……

在你有眾多的追求者，考慮結婚的時候，到底是哪一位比較適合自己，需要選擇；而在你找工作時，也需要從多家企業中選擇。以上所說的每一個選擇有大有小，但每日、每月所有的選擇，不可低估日積月累的影響。

選擇了這個，也就意味著放棄了那個，不同的選擇最終形成了不同的人生。研究成功學的學者們發現，很多人的成功或失敗並不取決於他懂不懂什麼才是最好的成功方法，而真正發揮決定作用的是當時的選擇和決定。也就是說，成功並不全在於方法，而最關鍵的在於追求者的選擇和決定。

一個選擇對了，又一個選擇對了，不斷地做出對的選擇，到最後便產生了成功的結果。一個選擇錯了，又一個選擇錯了，不斷地做出錯的選擇，到最後便產生了失敗的結果。若想要有一個成功的人生，我們必須降低做出錯誤選擇的風險，減少做出錯誤選擇的機率。這就必須預先確定你人生中想要的結果是什麼，這本身又是一個選擇。

我們舉個例子吧，在休閒的時候有很多人喜歡打麻將。其實打麻將就是按照麻將的遊戲規則，確定該打哪一張牌，不斷地做出各式各樣的選擇。做出正確選擇的人通常是贏錢的人，做出錯誤選擇的人便成為那輸錢的人。

大家必須知道，人生中的任何結果都是自己的選擇帶來的。有的人希望工作更順利、更快樂，但他總是在做他不喜歡的工作。這是他的選擇帶來的結果，因為他明明就可以換工作。有的人希望身體更健康、更強壯，但他總是說他沒有時間運動，導致身體虛弱。這也是他的選擇帶來的結果，因為他明明就可以抽出時間來運動。

有的人希望家庭更幸福、小孩更聽話，但他總是跟太太吵架、對小孩的學業不管不問。這也是他的選擇帶來的結果，因為他明明可以控制情緒或花時間教育小孩，但他不去做。有的人希望人際關係更好，但他總是說他朋友少。這也是他的選擇帶來的結果，因為他可以多交一些朋友，但他不去交。有的人希望賺更多錢，但他總是抱怨收入不夠多，他明明可以更努力地去賺錢，但他卻不去努力，這仍然是他自己的選擇帶來的結果。

成功也是一種選擇，因為你選擇了奮鬥，選擇了堅持。而不做這個選擇便是選擇失敗，所以失敗也是一種選擇。現在，你也來做幾道選擇題：你到底是要成功還是要失敗？要快樂還是要悲傷？要富裕還是要貧窮？一旦做出選擇，你的人生就開始改變。

也許你會問：「不做選擇可以嗎？」其實你已經選擇了平凡的一生，因為你原本可以選擇光輝燦爛的一生。

沙灘上更容易找到沙土，而不是金子

夜晚，一個人在房間裡四處尋找著什麼東西。有一個人問道：「你在尋找什麼呢？」

「我丟了一枚金幣。」他回答。

「你把它丟在房間的中間，還是牆邊？」第二個人問。

「都不是。我把它丟在房間外面的草地上了。」

「那你為什麼不到外面去找呢？」

「因為那裡沒有燈光。」

你一定覺得尋找金幣的這個人思考邏輯很可笑，不是嗎？類似於「刻舟求劍」，花了力氣，到最後卻什麼也得不到，得不償失！然而，我們在生活中常常會看到，有些人每天都在錯誤的地方尋找他們想要的東西。

有人在邪惡中尋找勇敢，而這種尋找最終會讓他頭破血流；有人在謊言中尋找安慰，而這種尋找只能讓他墮落；有人想從吝嗇者身上得到慷慨，最終將一無所獲；有人想在薄情寡義者身上尋找愛情，卻落得傷痕累累；還有太多的人想從藥物、酒精或者感官的興奮中找到安寧與快樂，最終卻遭受滅頂之災。

不要在錯的地方找東西，那只是在浪費你寶貴的精力和時間，甚至有可能最後以悲劇收場。社會的悲劇、國家的悲劇、人生的悲劇、事業的悲劇、愛情的悲劇，都是因為在錯誤的地方尋找想得到的東西。

若要有所收獲，必須選擇正確的目標。正如一個想要找到金礦的採礦者。如果他認為在海灘上挖掘更容易，就在海灘上尋找金子的話，那麼他找到的一定只是一堆堆沙土，而永遠不可能找到金子。他必須在堅硬的石頭和泥土中挖掘，這樣才能找到想要的寶藏。

不要在錯的地方找東西，不要選擇錯誤的方向，這些話說來簡單，可是實際生活中做起來卻沒那麼簡單。讓我們來看看著名心理學家李恕信在《瀟灑的母親》中敘述的一個故事。

有一個小女孩正趴在窗臺上，她憂傷地看著窗外的叔叔正在埋葬她心愛的小狗，不禁淚流滿面，痛哭不已。她的爺爺看到了，連忙帶著她到另外一個窗戶，讓她欣賞他所種的玫瑰。果然，小女孩停止了哭泣，臉上的愁雲一掃而空，心情也頓時好了起來。老人家托起小孫女的下巴說：「乖孩子，你開錯窗戶了……」

在人生的旅途中，我們是不是常常也會「開錯窗」呢？開錯了窗，會使本來美好的事物，漸漸變得黯淡無光；會使朋友間純美的友誼，蕩然無存；會使戀人間的情感，出現裂痕……因此，我們做任何事情的時候，都要認真想想：我找對地方，找對方向了嗎？

怪青蛙不夠聰明

有一個人養了一隻青蛙。一天，他靈機一動，對青蛙說：「我們就要發財了，我要教會你飛！」

「等一等，我不會飛呀！我是一隻青蛙，而不是一隻麻雀！」

這個人非常失望：「你這種消極的態度確實是一個大問題。我要幫你報一個培訓班。」

於是青蛙上了三天培訓班。牠學了制定策略、時間管理以及高效溝通等課程，但關於飛行卻什麼也沒有學。學完後，這個人開始讓青蛙練習飛行。

第一天飛行訓練，這個人異常興奮，但是青蛙卻很害怕。可憐的青蛙請求他考慮一下自己的性命，但是他根本聽不進去：「這隻青蛙根本就不理解青蛙會飛的意義，牠更看不到我的宏圖大略。」說完，他就毫不猶豫地打開一樓的窗戶，把青蛙丟了出去。

第二天，準備第二次飛行訓練的時候，青蛙再次懇求他不要把自己丟出去。但是，只聽見「啪」的一聲，青蛙又被丟了出去。

第三天、第四天、第五天、第六天，儘管青蛙努力訓練飛行，但是依然毫無進展。到了第七天，青蛙瞄準樓下的一個石頭角落跳下去，結果被摔得像一片葉子一樣扁。

現在，他開始分析整個事件的過程了。經過仔細的思考，他笑了：「下次，我找一隻聰明的青蛙不就行了嘛！」

作為管理者，最重要的就是選對方向。方向錯了，你的計畫再嚴密、員工再努力、願景再美好，那也是枉然。像這個人，失敗之後不反省自己荒唐的策略，反而責怪青蛙不夠聰明，這實在是荒唐！

方向遠比距離更重要。成功與否不在於你有多麼宏偉的藍圖，而在於你是否選擇了正確的方向。方向錯了，付出再多的辛苦恐怕也是空歡喜一場，就像一名企業家說的：「成功還需要選擇正確的方向，如果方向選錯了，你做得越好，死得越快。」

所以，出發之前，要先想好目的地。著手努力之前，先看清楚目標。否則，埋頭苦幹的結果，很可能是白忙一場。不要到接近完成的階段時，才發現眼前將要實現的，並不是自己真正想要的。就像有人一旦陷入愛情，就千方百計研究談戀愛的方法，開始注重穿著打扮，蒐集報紙雜誌上刊登的最佳約會地點的資料，甚至鑽研一些偷心的技巧。可是，到頭來卻還是失去心頭所愛。原來，他一開始就找錯對象、愛錯人了。

此外，在選對方向之後，還要注意避免在一些瑣事上耗費大量的時間與精力。有些人會把不值得做的事一直做下去，並賦予它生命。於是一項簡單的活動便從單純規律性的事情逐漸演變成必然要做的事情。

人們在不值得做的事上投入太多的精力和時間後，就會產生一種感覺：「我們不應該讓它消失，我們已經做這麼久了。」這就像有的人明明不喜歡自己的戀人，卻還是要在一起。因為在一起很久了，習慣使人不願再做別的選擇。但最終，一個人要為自己做了不值得做的事付出代價。這件事情越大，代價也就越大。

所以，明智的選擇應該是集中精力做重要的事。那些不值得做的瑣事，不但會占據你的時間，更重要的是消磨你的意志，還會讓你誤以為自己完成了某些事情，結果得到的可能僅僅是一絲自我安慰和虛幻的滿足感。當夢醒後，你會發現該做的事一件都沒有做，而自己卻已疲憊不堪。

你失去的只是枷鎖，而得到的卻是整個世界

從前有一個商人揹著一包錢幣外出做生意，路上不幸被歹徒盯上了。那幾個歹徒見他腰纏萬貫，便貪婪地追了上來。於是商人加快了步伐，不久來到了一條大河邊。河水很急，根本游不過去，河上連一座橋也沒有，更沒有船。商人急中生智，趁歹徒不注意爬到了一棵大樹上躲起來。歹徒找不到商人，轉了幾圈就走了。

等歹徒走後，商人從樹上跳下來，想到歹徒可能不會死心，必定會再追上來，於是就從旁邊竹林裡砍來竹子，做了一艘竹筏，渡河到對岸。不久，那些歹徒果然不死心又追上來。可是這時候，商人已經到了河對岸，安全地從危機中逃了出來。

到了河對岸，商人對之前發生的事仍然心有餘悸。他想：「如果不是這個竹筏，恐怕現在我的性命也難保了，這個竹筏對我來說實在是太重要了！」於是商人就把這個竹筏揹在背上，繼續向前走。可是竹筏太重了，他揹著竹筏走路十分困難，一天走

不了多少路。三天以後，那些歹徒渡過河追上來抓住了商人。原來歹徒還是放不下那些錢財，也做了竹筏，渡河過來追趕他。

可憐的商人因為竹筏而失去了錢財。當他被抓住的時候，他感嘆道：「竹筏救我，竹筏亦害我！」

許多時候，人們緊緊抓住自己已有的東西，捨不得放棄，卻沒有看到形勢的變化，最終反而被原有的東西所拖累。其實，有捨才有得。舉個例子吧，假如你擁有六個蘋果，你可以選擇把六個蘋果全都吃掉。這樣你只吃到一種味道，那就是蘋果的味道。可是如果你把六個蘋果中的五個拿出來分給別人吃。儘管表面上你丟了五個蘋果，但實際上你卻得到了其他五個人的友情和好感。

以後你還能得到更多，當別人有了別的水果的時候，也一定會和你分享。你會從這個人手裡得到一個橘子，那個人手裡得到一個梨子，最後你可能就吃到六種不同的水果，六種不同的味道，六種不同的顏色。人一定要學會用你擁有的東西去換取對你來說更加重要和豐富的東西。

所以說，放棄是一種智慧。只有懂得放棄的人才能獲得成功。有一個青年非常羨慕一位富翁獲得的成就，於是他跑到富翁那裡詢問他成功的訣竅。富翁弄清楚青年的來意後，什麼也沒有說，而是轉身從廚房拿了一個大西瓜。青年有些疑惑，不知道富翁要做什麼，他只是睜大眼睛看著。只見富翁把西瓜切成了大小不等的三塊。

「如果每塊西瓜代表一定的利益，你會如何選擇呢？」富翁一邊說一邊把西瓜放在青年面前。

「當然選擇最大的那塊！」青年毫不猶豫地回答。富翁笑了笑說：「那好，請用吧！」

於是富翁把最大的那塊西瓜遞給青年，自己吃最小的那塊。當青年還在津津有味地享用那塊最大的西瓜的時候，富翁已經吃完了最小的那一塊。接著，富翁很得意地拿起剩下的一塊，還故意在青年眼前晃了晃，然後大口吃了起來。

其實，那塊最小的和最後那塊加起來要比最大的那塊大得多。青年馬上就了解富翁的意思：富翁開始吃的那塊西瓜雖然沒有自己吃的那塊大，可是最後卻比自己吃得多。如果每塊西瓜代表一定程度的利益，那麼富翁贏得的利益當然要比自己多。

吃完西瓜，富翁講述了自己的經歷，最後對青年語重心長地說：「要想成功就要學會放棄，只有放棄眼前的小利益，才能獲得長遠的大利益，這就是我的成功之道。」

每一次放棄都必須是一次昇華，否則就不要放棄；每一次選擇都必須是一次昇華，否則就不要選擇。最後借用一句社會學家的名言：「你失去的只是枷鎖，而得到的卻是整個世界。」

傾聽內心深處的聲音

很多人在面臨重大選擇的時候，往往茫然不知所措。他們詢問朋友、家人，希望得到別人的建議，又或者去看別人在做什麼，最後卻常常身陷選擇的煩惱，左右為難，猶豫不決。其實，在做重大選擇時，不用做利弊分析，不用考慮其他客觀因素，最簡單的辦法就是靜下來，傾聽自己內心深處的聲音——摒棄雜念，將自己腦海中浮現的想法全部記錄下來。然後，你就知道自己要的究竟是什麼了。

你也許會說：「那些選擇很重要，關係到我的一生，哪能這麼容易決定呢？」但是，事實證明傾聽自己內心的聲音往往是對的。原Google全球副總裁兼大中華區工程研究及公共關係、事務總裁李開復博士在做選擇時，就善於傾聽自己內心的聲音。

李開復原本在卡內基美隆大學教書。雖然他有幸任教於世界頂尖的電腦系，但他認為這個工作對社會的貢獻並不那麼直接。李開復內心希望去做一些對社會直接有益的事。所以，當蘋果公司的一位副總裁對他說「你要選擇終身寫些沒有人讀得懂的論文，還是要選擇改變世界」時，李開復毫不猶豫地選擇了「改變世界」。就這樣，他放棄了兩年的年薪加入了蘋果公司。

在李開復看來，內心深處的價值觀、理想和興趣最能幫助你做正確的選擇。它們共同構成我們內心深處最真實的聲音，是最重要、最精確的判斷依據。

要如何才能找到自己的「真心」呢？李開復有一個特別的方法，那就是「報紙頭條測試法」。李開復在替學生們做的「選擇的智慧」講座上曾詳細介紹過這個方法。「所謂『報紙頭條測試法』，就是在事後想一想：明天，如果在一份你的親朋好友都會閱讀的報紙上，你做的事被刊登為頭條新聞，你會不會因此而感到羞愧？會不會無法面對自己的良心？如果不會，你做的事才對得起你自己的價值觀。」

為了讓學生們更具體地了解這方法，李開復還舉了一個他自己的真實例子。

我在蘋果公司工作時遇到了公司裁員，當時我必須要從兩個員工中裁掉一位。第一位員工畢業於卡內基美隆大學，是我的學長。他十多年前寫的論文非常出色，但加入公司後很孤僻、固執，而且工作不努力，沒有太多業績可言。他知道面臨危機後，就請我們共同的老師來說情，希望我顧念同窗之誼，放他一馬。

另一位是剛加入公司兩個月的新員工，還沒有時間表現，但他應該是一位有潛力的員工。

我內心「公正」和「負責」的價值觀告訴我應該裁掉學長，但是我的「憐憫心」和「知恩圖報」的觀念卻告訴我應該留下學長，裁掉那位新員工。

於是，我試了「報紙頭條測試法」。在明天的報紙上，我希望看到下面哪一個頭條新聞呢：

(1)徇私的李開復，裁掉了無辜的員工。

(2)冷酷的李開復，裁掉了同窗的學長。

雖然我非常不願意看到這兩個「頭條新聞」中的任何一條，但相比之下，前者給我的打擊更大，因為它違背了我最基本的誠信原則。如果我違背了誠信原則，那麼我既沒有顏面面對公司的主管，也沒有資格再做專業經理人了。

於是，我裁掉了學長，然後我告訴他，今後如果有任何需要我的地方，我都會盡力幫忙。

顯然，這對誰來說都是一個兩難的選擇，但是，「公正」和「負責」的價值觀無疑更為重要。李開復最終聽從了內心的聲音，能夠面對自己的良心。

雖然每個人的價值觀、理想和興趣都不相同，但只要你能夠靜下心來，認真傾聽自己內心深處的聲音，你就能做出最好的選擇。

「兩匹馬屁股的寬度」能決定什麼

經濟學上有一個「路徑依賴」理論，說的是一旦人們做了某種選擇，就好比走上了一條不歸路，慣性的力量會使這一選擇不斷自我強化，並不讓你輕易地走出去。一個廣為流傳的例證是：現代鐵路兩條鐵軌之間的標準距離是四英呎又八點五英寸（一英呎＝十二英寸＝零點三零四八公尺），為什麼採用這個標準呢？

原來，早期的鐵路是由建電車的人設計的，而四英呎又八點五英寸正是電車的輪距標準。

那麼，電車的輪距標準又是從哪裡來的呢？最先造電車的人以前是造馬車的，所以電車的輪距標準是沿用馬車的輪距標準。馬車又為什麼要用這個輪距標準呢？

英國馬路轍跡的寬度是四英呎又八點五英寸。所以，如果馬車用其他輪距，它的輪子很快會在英國的老路上被撞壞。

那這些轍跡又是從何而來的呢？原來這些轍跡是從古羅馬人那裡來的。因為整個歐洲，包括英國的長途老路都是羅馬人為軍隊所鋪設的，而四英呎又八點五英寸正是羅馬戰車的輪距。任何其他輪距的馬車在這些路上行駛，輪子的壽命都不會很長。可以再問，羅馬人為什麼以四英呎又八點五英寸作為戰車的輪距寬度呢？

原因很簡單，這是牽引一輛戰車的兩匹馬屁股的寬度。故事到此還沒有結束。美國太空梭燃料箱的兩旁有兩個火箭推進器，因為這些推進器造好之後要用火車運送，路上又要通過一些隧道，而這些隧道的寬度只比火車鐵軌寬一點，因此火箭助推器的寬度是由鐵軌的寬度所決定的。

所以，最後的結論是：美國太空梭火箭助推器的寬度，竟然是由兩千年前兩匹馬屁股的寬度所決定的。

從這個故事中，我們可以看到「路徑依賴」的強大影響力。沿著既定的路徑，不管是經濟、政治，還是個人的選擇都可能進入良性循環的軌道，迅速提升效能；也可能順著原來錯誤的路徑往下滑，甚至被「鎖定」在某種無效率的狀態下而導致停滯。而這些選擇一旦進入「鎖定」狀態，想要脫身就十分困難。

對每一個人而言，人生都是一個不可逆的過程。受「路徑依賴」的影響，人們過去做出的選擇決定了他們現在可能的選擇。所以，畢業時的第一次職業選擇對每個人來說都是非常重要的。

如何才能做好畢業時的第一次選擇，走好職業生涯的第一步呢？我們來聽聽前輩是怎麼說的。〈論職業選擇的十大關係〉，這是某專業研究諮詢集團董事長兼總裁在雜誌上寫過的一篇文章，現節錄如下，供大家參考。

論職業選擇的十大關係

……

第一大關係：「熱門」VS「冷門」

在熱門行業中找工作，一般人會想到，這個行業現在如雨後春筍般蓬勃發展，相應的對人才需求也一定是供不應求。但這個想法可能是錯誤的，就是因為某個行業很熱門，所以它對人才的需求是很低的。

……

對熱門行業的選擇要有非常強的競爭力，包括要有堅強的心理承受能力來對待熱門行業中的冷臉。很多人在熱門行業中可以遇到特殊的機會，比一般人在冷門行業可以獲得更多特殊利益，但是在大多數情況下，熱門行業不適合普通人的選擇。相反地，冷門行業中卻可能提供更適合一般人才的機會。

……

冷門行業不是處在「上升期」中，就是處於下坡狀態——在走下坡的情況下，要考慮的是怎樣改變眼前的困境；處於「上升期」的狀態，意味著離熱門不遠了。所以對很多人才來說，在熱門與冷門之間不妨選擇「冷門」。

第二大關係：「有名」VS「沒名」

通常，人格分為兩種，一是內在型人格，另外一種是外在型人格。內在型人格的特點是做事情主要讓自己開心，有自我滿足的標準；

外在型人格就比較在乎選擇有普遍影響力的組織作為自己的安身之所。很多在貧困家庭中出生的孩子，他的優點是積極向上，缺點是愛慕虛榮。愛慕虛榮有個特點就是愛到大部門工作。……但是在一個大的部門中，一個人是如此渺小，……我常講的一個理論：大的海龜，感覺自己很大，當牠跑到海裡去的時候，就小到看不到牠的存在；而只有海龜三分之一大的龜跑到水池中，就顯得很大了，所以一個人才在適當的小行業中更容易出頭。當然在這兩者之間沒有絕對的好或者不好的區分，而是根據個人不同的人格特點來判斷。

第三大關係：「長期」VS「短期」

有些人從小就認為自己有什麼樣的嗜好，其實這個人並不一定是只有這樣的嗜好。職業也是一樣的，很多人選擇的第一個職業是由很多陰錯陽差的原因導致的。所以大家找工作不必很緊張，大家做好準備，剛工作的三年之內跳槽找找適合自己的工作。這就像產品，在做推銷的時候通常都會選擇一兩個市場來試驗一下，看一下市場反應如何，營運模式有什麼問題，之後再決定是否推廣。

……

你在二十三至二十八歲之間跳槽，都是很正常的。但當你二十九歲的時候，就要穩定自己的職業發展方向。……三十歲之後還是半年換一個工作，還不能穩定自己的職業發展方向，這樣的人發展前景就很危險。畢竟晚成的大器還是少，因為人們認定你是習慣性跳槽——習慣性跳槽涉及一個人的職業品德。在一個領域想要做資深人員，要有職業聲望、職業造詣才能成功。而職業造詣是要有一定的累積才能培養出來的。

所以我們說短期內的職業調換是為了有更適當的職業定位；而從長期來看，職業的調換是為了使自己找到最合適的位置，調換本身不是目的。

……

第四大關係：「創業」VS「就業」

創業就是自己當自己的老闆，就業就是替別人打工，幫別人工作。現在實際上這兩個概念的內涵發生了很大的變化，這兩點的界限也不是那麼明顯了。在就業過程中，如果職業聲望很高，老闆擔心你離職，會給你一些股份，讓你成為股東。由此也可以發現，就業也可以是創業的前奏。創業有時候也跟就業一樣，員工可以下班，而老闆不可以下班；員工可以不加班，但是老闆必須加班——在這種時候，很多創業的人是在幫就業的人工作。這些是社會進步很重要的表現。

……

創業與就業最大的區別，創業是尋找資源、創造資源，而就業往往是運用資源。

……

第五大關係：「封閉」VS「開放」

封閉是指專業，開放是指貫通。做人力資源的人可以發現，有的人才可以同時做很多種工作，而且可以做得很平衡；有的人才，一個時候只能做一種工作，如果讓他做第二個工作，那麼會導致兩個工作都不能做好。

……

一個單一的人才，可以在一個領域發展得很優秀，例如，有一名數學家，他除了數學之外，其他知識大致上一概不懂，但是他可以在這個單一領域發展成權威。但如果做組織管理方面的工作，則需要更多的開放性層面的人才，精通社會資本經營之道的人才。

第六大關係：「國際」VS「本土」

……

有的人比較認同、尋求外國的東西，這沒有什麼不好，但是在轉型期的本土社會還是有很多獨特的在地人文因素，要在實踐中揣摩真正適合國人需要的東西是什麼。在有些範圍內，我們的變通能夠做好生意；在有些範圍內，西方國家公司的規範化和職業倫理雖然顯得有些超前，但還是代表了一種前瞻性的價值。

一個國際公司很不以為然的留學MBA，對於一個本土的民營企業來說就是一個厲害的人才；工作經驗豐富的人感到習以為常的事情，對於很多保守的美國投資家來說，就是難得的新鮮知識。這是一種交融互動的過程。在社會經驗的意義上，這兩者都有值得專業人才學習的地方，也有專業人士發展的空間——或許國際企業提供更多的規範性和安全感，而本土的機構可能提供更多的擔當性和興奮感。

第七大關係：「多學」VS「少學」

在學校裡面要多學，工作之後要少學。

學校是開放式的學習場所，可以多學習，了解各式各樣的東西，原因是沒有人等著你工作；在公司裡，老闆關心的是你能做什麼，而不是你學得好壞。人需要有特定的學習時間，但基本不是在工作中。

……

同時還要注意在用的時候少學習。所謂「少學習」，是指在我們主動學習的時候，由於過分自主，選擇的是自己喜好的類別和內容的知識，會不斷強化自己的偏好，從而使得自己不斷說服自己世界上的道理就是這個道理。這樣的學習越多，就會越固執。

「少學習」的另一個含義，是不要過於龐雜——各個學科都是有流派的，有些老師把翻譯過來各個流派的知識都給學生，就會導致學生學習的知識太籠統，好像練雜要一樣，實際上根本不能整合。被動學習裡的多學習和主動學習裡的少學習可以使得我們兼得擴大見識和強化務實之用。

第八大關係：「管理」VS「被管理」

一些人認為很多名校的畢業生當一個普通的員工都不合格，但問題是，很多名校的同學自認為自己當老闆都綽綽有餘。

我個人認為，在名校讀書最大的優勢是增長見識，但是對於學習基本功的大學生來說，在這裡讀書就不見得是好事。一些同學分不清學校的榮耀和自己的本事之間的區別，出現了明顯的名校寡德、名校低能的現象。

從管理一個國家到管理一個小公司，最傑出的管理者是了解疾苦，而又能以超脫的方式進行管理，不陷入其中。如果一個人到一個團隊裡，認為自己天生就是當總經理的人才，通常這個人往往就當不成總經理，無法讓團隊認同。

……

第九大關係：「個體性」VS「組織性」

在應徵的時候，有些人唯恐面試者不注意他，所以侃侃而談。很有特色，很有個性，很另類，但是這樣的人很可能得不到工作，除非是廣告公司招聘創意人才。

在一個組織選擇員工的時候，組織是個團體，它要找的人是要跟這個組織相容的。一方面它需要你有合適的個性，另一方面它需要你表現出一定的意願——願意跟這個組織相容。

……

第十大關係：「興趣」VS「技能」

一個優秀的職業人士通常是在自己的工作中實現自己的職業興趣。有很多人會認為，這個工作好累，但是優秀的職業人士會認為，只要我喜歡，累就累一點，累一點也開心。所以在這個意義上說，興趣貫穿在我們的職業規畫之中。人的成就感跟興趣成正比，所以個人發展與組織發展應該是平行的。

從另外一個方面來看，你是承擔任務的，任務要求我們有很多的技能、技巧，有很多方面也不是我們擅長的。通常我們找到一份工作，我們從事一項任務，百分之七十是適合個人興趣的就很不錯了。因為我們做的大部分事情，不是針對我們一個人，在一定程度上還是滿足社會要求的，真正百分之百滿足我們要求的工作幾乎是沒有的。

……

從職業評價的角度而言，實現興趣是幸運，而具有職業道德則是一種專業操守。

……

我們盡量避免不喜歡的，但是有時候不喜歡的東西剛好是我們成功的必要條件；

我們喜歡追求興趣，但興趣要有節制，因為任何過度的興趣都可能意味著腐敗。

第二章

打破枷鎖：超越自我設限

其實成功並沒有想像中的那麼難，「心理高度」並非無法超越，只是我們無法超越自己的觀念限制。許多障礙剛開始在我們眼裡是那麼沉重和無奈，等到我們鼓足勇氣克服以後，才發現它們不過是一層窗紙而已，克服它們並沒有想像中那麼難。

如果你同時坐在兩把椅子上，你可能會從椅子中間掉下去

盧奇亞諾．帕華洛帝是世界著名的三大男高音之一。在他還很小的時候，他的父親——一個普通的麵包師就發現了帕華洛帝很有唱歌的天賦。因此，父親將他帶入音樂的王國，教育他要勤奮努力地開發音樂潛力。

雖然唱歌是帕華洛帝最大的嗜好，但是他沒有因此耽誤自己接受基礎教育。他同時還在一所師範學校就讀。

幾年之後，帕華洛帝就要從師範學校畢業了，他的成績十分優異。這個時候的他顯得有些迷茫，於是他只好問父親：「我畢業後是當老師呢，還是當個歌手？」

父親回答說：「如果你同時坐在兩把椅子上，你可能會從椅子中間掉下去。生活要求你只能選一把椅子，這樣才能穩當地坐上去。」

最後，帕華洛帝選了唱歌這把椅子。經過七年的努力與失敗，他才有機會首次登臺亮相。又過了七年，他終於獲得在大都會歌劇院演唱的機會。

上帝是公平的，你得到了某樣東西，必然要放棄另一些東西，正所謂「魚和熊掌不可兼得」。每個人的一天都只有二十四小時。你花時間做了這個，就不能做那個。讀書了就不能看報紙；打牌時無法打球；今晚要去應酬，就無法進行商業交易；要想學習知識，就得多花時間多讀書，你就只能有較少的時間去經商賺錢或開會升官。在這些選擇中，都存在著「機會成本」的問題。

「機會成本」又稱外顯成本或隱藏成本。它是管理經濟學上的一個詞語，反映了一個決策、一件事物在管理上的真正價值。「你選擇做一件事，必然會放棄另外一件，那件被放棄的事所帶來的收益就是你的機會成本。」我們可以舉個簡單的例子來說明：你花時間去學了降妖術，就沒有時間去學醫術。當你發現降妖術沒有為你帶來收益的時候，你也失去了學習醫術的最好時機。你放棄學習醫術所帶來的收益，就是你的機會成本。

所以說，每個選擇都涉及機會成本。它是每個人在做選擇時都不得不考慮的問題。不同的人做出不同的選擇，就在於個人如何計算自己的機會成本。

如果你選擇了做生意賺錢，那必然要冒風險，四處商談客戶，少了別人的那份安穩悠閒；如果你選擇了學習知識，那必然要讀萬卷書，專注研究，缺少別人那些浮華喧鬧、燈紅酒綠的生活。因為在你得到一件東西的同時，也失去了其他某件東西。機會永遠存在，就看你自己如何掌握。

無可挽回，就不再考慮

當一項事物投入後，無論如何也無法收回時，這種投入就變成了「沉沒成本」。

舉個例子來說，你花了三百塊錢買了一張電影票，準備晚上去電影院看電影，沒想到，要出門時天空突然下起了大雨。

這時你該怎麼辦？

如果你堅持要去看這場電影，你不僅來回要搭車，增加額外的支出，而且還有著被大雨淋透而發燒感冒的風險。這時，你的明智選擇應該是不去看這場電影。

還有一個更為經典的例子能夠幫助我們進一步了解沉沒成本的深刻含義：有一個老人非常喜歡收集各種古董，一旦碰到心愛的古董，無論花費多少錢都要想方設法地買下來。有一天，他在古董市場上發現了一件心儀已久的古代瓷瓶，就花了很高的價錢把它買了下來。他把這個寶貝綁在腳踏車後座上，興高采烈地騎車回家。誰知道因為瓷瓶綁得不牢固，半路從腳踏車後座上滑落下來，「咣啷」一聲摔得粉碎。

大家猜猜，這位老人的反應是什麼？

這位老人聽到清脆的聲響後居然連頭也沒回，繼續騎車。這時，路邊有位熱心人對他大聲喊道：「老先生，你的瓷瓶摔碎了！」老人仍然是頭也沒回地說：「摔碎了嗎？聽聲音一定是摔得粉碎，無可挽回了！」沒多久，老人的背影消失在茫茫人海中。

我想，如果這種事情發生在一般人的身上，他一定會從自行車上跳下來，對著已經化為碎片的瓷瓶捶胸頓足，扼腕嘆息，有的可能會好長時間都難以釋懷。

每一次選擇之後，我們總是要付出行動，而每一次行動我們總是要投入，不管投入的是人力、物力、財力還是時間。在做出下一個選擇時，我們不可避免地會考慮到這些前期的投入，不管它們還能不能收回，是否真的還有價值。最終，前期的投入就像強力膠一樣，把我們黏在原來的道路上，無法做出新的選擇，而且投入越大，我們就會被黏得越緊，越無法放棄。

如果我們能像那位老者一樣，面對無可挽回的損失，就對它不再留戀，那麼我們就能在人生的道路上不斷地做出新的選擇，從而調整自己人生的方向，將人生之路越走越寬！

以損失做誘因

人都有一種維護既得利益的強烈欲望。因此，在損失與收益可能性相同的情況下，損失對人的情緒有著更大的影響。也就是說在獲得收益和避免同等損失的情況下，人的選擇會更傾向於避免損失，從而使既得利益免遭損害。人更懼怕損失的這種現象被稱為「損失規避」。這一概念最初是由丹尼爾．康納曼和阿摩司．特沃斯基提出。

美國加州大學的研究人員為證實「損失規避」這種現象，曾經假扮電力公司的員工做過一個試驗：他們告訴一組用戶，透過節約能源，每天能省五十美分。另一組使用者則被告知，如果不節約能源，每天將損失五十美分。結果在節約用電的住戶中，後者比前者要多出三倍。

以損失做誘因

在這個案例中，使用者的損失與收益實際上是一樣的，但以損失做誘因的方法卻具有更好的勸說效果。因為人們不喜歡損失的程度遠遠超過他們對等量獲利的喜歡程度。你可別小看了人們的這種心理。它在人們做選擇時有著很大的影響力，甚至能左右人們的決定。

在現實社會中，「損失規避」對人們決策的影響隨處可見。股市中我們可以看到，「損失規避」會讓投資新手早早賣出股票，只為保障已經到手的利潤。同樣，它還會促使虧損的投資者繼續持倉觀望。因為一旦賣出，就意味著賠本買賣的惡夢成真了。

在工作中，比如某個人有個點子，一經採用就能為部門每年節省五百萬開支。假如他在向經理推薦時說：「如果不採納這項建議，那部門每年會損失五百萬。」那麼經理很可能會因為懼怕損失而採納他的建議。

「損失規避」對影響顧客購買決定的作用也不可低估，最常見的就是商家的限時促銷。你看商家的宣傳用語都是「新產品八折促銷，別錯失良機！」而不是「用八折的價格購買新產品！」

因為前面一句宣傳語更能讓顧客掏腰包。它告訴了顧客這種機會的難得：不是什麼時候都能以八折的價格購買的，機會失去可就沒有啦。在「損失規避」的影響下，不少人一衝動就買了一堆用不著的東西，等回到家時才後悔。現在知道了「損失規避」對我們決定的影響，作為顧客的你是不是多了一點對商家促銷的免疫力了呢？

捅開那層窗紙

我們時常會聽到這樣的感嘆：「這件事太難了！我應該辦不到，做不好！」實際上有些事並沒有人們想像中的那麼難，只是很多人在經歷了幾次挫折後，對自己失去了信心，不能突破心理高度的限制。他們自己幫自己設定了一個心理高度。

為了研究心理高度限制的問題，生物學家做過一個有趣的實驗：

他們在一個玻璃杯裡放進一些跳蚤，不過跳蚤立即輕易地跳了出來。重複幾遍，結果都是一樣。根據測試，跳蚤跳的高度平均在其身高的一百倍以上。跳蚤稱得上是動物界的跳高冠軍了。

接下來，實驗者把這些跳蚤再次放進杯子裡，同時在杯口加上一個玻璃罩，「砰」的一聲，跳蚤重重地撞在玻璃罩上。跳蚤十分困惑，但是牠們不會停下來，因為跳蚤的生活方式就是不停地「跳」。一次次地被撞，跳蚤開始變得聰明，牠們開始根據玻璃罩的高度來調整自己跳的高度。經過一段時間以後，這些跳蚤再也沒有撞擊到這個玻璃罩，而是在罩下自由地跳動。

幾天後，實驗者悄悄地拿掉了玻璃罩。跳蚤不知道玻璃罩已經拿走了，還是按原來的高度繼續跳躍。一週後，那些可憐的跳蚤還在這個玻璃杯裡不停地跳動——其實牠們已經無法跳出這個玻璃杯了。牠們已從一隻隻跳蚤變成了一隻隻可悲的「爬蚤」！

後來，生物學家在玻璃杯下放了一個點燃的酒精燈。不到五分鐘，玻璃杯燒熱了，所有的跳蚤發揮求生的本能，再也不管頭是否會被撞痛（因為牠們都以為還有玻璃罩），全部都跳出了玻璃杯。

現實生活中，有許多人也在過著這樣的跳蚤人生。年輕時意氣風發，屢屢嘗試，希望成功，但是往往事與願違，屢屢失敗。幾次失敗以後，他們便失去信心，開始懷疑自己的能力，或者抱怨這個世界不公平。過去的失敗被牢牢地刻在他們的記憶中。他們不再竭盡全力地追求成功，而是一再降低成功的標準，即使原有的一切限制早已消失。他們看不到形勢的變化，以為過去辦不到的事情，今天同樣也辦不到，就像那玻璃杯中的跳蚤。蓋子雖然已經拿走了，但牠們被撞怕了，或者已經習慣了，再也不敢努力向前。

另外，當一個人遭遇失敗或受到挫折後，還會產生絕望、憂鬱、意志消沉的情緒，從而錯失下一次機會。這樣，他們就永遠生活在失敗的陰影中，找不到成功的道路。

其實，跳蚤變成「爬蚤」並不是本身已失去跳躍的能力，而是在一次次受挫後學乖了、習慣了、麻木了。人也一樣，在屢次失敗後不敢再放手一搏，認為自己不可能會成功。社會學家把這種失敗暗示的心理現象稱為「自我設限」。

「自我設限」是很多人無法取得成功的原因之一。他們不敢追求成功，並不是追求不到成功，而是因為他們的心理已經預設了一個「心理高度」，常常使他們受限於這個「心理高度」∵這件事是沒有辦法做到的。

其實成功並沒有想像中的那麼難，「心理高度」並非無法超越，只是我們無法超越自己的觀念限制。許多障礙剛開始在我們眼裡是那麼沉重和無奈，等到我們鼓足勇氣克服以後，才發現它們不過是一層窗紙而已，克服它們並沒有想像中那麼難。

所以，你需要的只是調整心態，走出失敗暗示的心理陰影，在沒有結果前，不要輕易放棄任何一個機會，不要自己替自己設下成功的障礙。

光線最明亮處不一定是出口

警察局長在路邊和一位老人說話，這時一個小孩跑過來，急促地對警察局長說：「你爸爸和我爸爸吵起來了！」老人問：「這小孩是你的誰？」警察局長說：「是我兒子。」請你回答：這兩個吵架的人和警察局長是什麼關係？

在一百名被測試者中只有兩人回答正確！後來，對一個三口之家問這個問題，父母沒答對，孩子卻很快答了出來：「局長是小孩的媽媽，吵架的一個是局長的丈夫，另一個是局長的爸爸。」

為什麼那麼多成年人解答如此簡單的問題反而不如一個小孩呢？這就是慣性思考在作怪。按照成人的經驗，警察局長應該是男的，從「男局長」這個慣性思考去推測，當然得不到正確答案，而小孩子沒有這方面的經驗，也就沒有慣性思考的限制，因而立刻就答出正確答案。

社會心理學家發現：在人際交往和認知過程中普遍存在著慣性思考，也就是人們的想法經常會遵循某一個固定的模式。慣性思考一旦形成，想法就會呈現一種慣性狀態。只要某種現象一出現，就會自然而然地順著過去的習慣去思考，得出結論。此外，人們在做出選擇、進行決策時，依據的往往也是過去的經驗。

過去的經驗在大多數的時候為我們提供正確的參考，長期的慣性思考使我們在從事某些活動時可以很熟練，甚至達到自動化。但是，它的存在也會束縛我們的思考，使我們只用常規方法去解決問題，而不尋求其他途徑。當常規方法無法解決時，我們會一籌莫展。在一個人的思考陷入固定的模式時，他不只會倔強如牛，把錯誤當真理，還可能會把自己逼進死角，就像下面要提到的蜜蜂那樣。

如果你將六隻蜜蜂和六隻蒼蠅裝進一個玻璃瓶中，然後將瓶底朝著窗戶，會發生什麼情況呢？

你會看到，蜜蜂不停地想在瓶底找到出口，一直到牠們精疲力竭或餓死；而蒼蠅則會在不到兩分鐘之內，穿過另一端的瓶頸逃出去。正是由於蜜蜂固守以往對光亮的經驗才導致了牠們的死亡。

蜜蜂以往在自然界中從沒遇過這種突然不可穿透的大氣層。在牠們的經驗中，出口必然在光線最明亮的地方。於是蜜蜂固執地遵循著這一慣性思考，不停地重複著這種合乎邏輯的行動，在一次次的受挫後也仍然不去尋求新的出路。

那些愚蠢的蒼蠅則完全不顧亮光的吸引，四處亂飛，結果誤打誤撞地碰上了好運氣，找到了出口，並因此獲得了自由和新生。這些頭腦簡單者順利得救。

這並不是寓言，而是美國密西根大學教授卡爾．威克轉述的一個絕妙實驗。實驗中的蜜蜂在選擇逃生方法時只是因為受到慣性思考的影響，從而做出錯誤的選擇且固執堅持，最終失去了逃生的希望。

因此，不管是在學習、工作還是在生活中，我們應該特意克服慣性思考對我們的影響，勇於尋找新的出路。這樣才能使想法更開闊、更深刻、更靈活、更敏捷，才能使我們在人生的道路上少犯錯誤。指責他人不如反省自我，輕視他人不如欣賞他人，冷言冷語不如甜語蜜語。

內在動機，大道理

假設信才寫了一半，原子筆突然沒有水了，你是隨手拿起另一支筆繼續寫下去還是四處尋找一支顏色相同的筆，在找筆時思路轉到別的地方去了，而丟下沒寫完的信不管？

或者，你是否被一本小說迷住了，哪怕第二天早上有一個重要會議，也要讀到凌晨四點仍不釋卷？

又或者，你突然愛上了編織。每天回到家的第一件事情就是拿起鉤針，全心投入地織著毛衣。雖然只是重複動作，卻弄得廢寢忘食。即使中途有別的事情打斷，只要有機會，就能接上，儘管織完了也並不急著穿。

之所以出現這些現象，是因為人們天生有一種做事要有始有終的內在動機。有個例子能充分說明這種心理：一位愛睡覺的作曲家的妻子為使丈夫起床，便在鋼琴上彈出一組樂句的前三個和弦。作曲家聽了之後，輾轉反側，最終不得不爬起來，彈完最後一個和弦。趨合心理迫使他在鋼琴上完成他在腦中早已完成的樂句。

實際上，人們不只喜歡做事有始有終，還傾向於將不完美變得完美，將不完善變得完善。讓我們再來看看下面一個例子。

一個老太太把自己樓上的房間租給了一個男青年。第一天晚上，男青年玩到很晚才回來。他爬到床上，「咕咚」、「咕咚」脫下皮鞋丟在地上倒頭就睡。第二天，老太太對那青年說：「你昨晚丟鞋的聲音太大聲了，害得我怎樣都睡不著。」男青年聽了很不好意思，連聲說：「我以後一定注意，一定注意。」

這天，男青年還是玩至半夜歸來。「咕咚」，他脫下了一隻鞋丟了出去，突然想起老太太的抱怨，於是他脫下另一隻鞋並輕輕地放下，沒有發出任何聲音。

次日，老太太問那男青年：「你昨天怎麼只脫了一隻鞋？」男青年說：「我脫了一隻鞋後，想起您對我說的話，怕影響您休息，就把鞋輕輕放下了。」

這下老太太更生氣了：「你害我一夜睡不著。」

「為什麼呀？」

「我一直在等第二隻鞋脫下來啊。」

上面這些都是人們的「趨合心理」在作怪。如果一件事情不完整，人們就傾向於把它做完整；如果一件事情不完美，人們就傾向於將它變得完美。正如你試著畫一個圓，如果在最後留下了一個小缺口，那你的心裡就會傾向於要把這個圓完成。

如果一個人的內在動機太強，非把每件事都做完不可，則可能會導致生活沒有規律、太緊張、太狹窄。很顯然，這並不是好事。同樣，一個人的內在動機太弱的話，就會拖拖拉拉，永遠也完成不了一件事。這兩種人都需要調整他們的內在動機。

對於內在動機太弱的人，泰克醫師為他們提出了一個解決的方法：

「如果你集中精力的時間限制是十分鐘，而工作要一小時才能做完。那麼，你的腦筋開始散漫的那一瞬間你就要停止工作，然後用三分鐘活動筋骨，例如跳幾下、去倒一杯水，或是做些肌肉運動的鍛練。活動過後，再把另一個十分鐘花在工作上。」

而對於內在動機太強的那些人，要怎樣才能抑制像脫韁野馬般的內在動機呢？

第一，在看事物的時候運用自己的價值觀標準，如果我們發現一個工作不值得做，那麼我們就勇敢地放棄。

第二，規劃一個時間表，把必須做的事以及要花費的時間都寫下來。努力培養一種較實際的觀念，把期限定在要求辦妥的時間以前。如果有筆帳單必須在二月一日繳交，那就在一月二十五日繳交。

第三，一點一滴地強化意志力，我們可以先從小事開始訓練自己，比如強迫自己在水槽裡留下幾個盤子不洗；看一本書的時候，嘗試中間休息一下，想想自己是否在浪費時間和精力，如果連你自己都覺得是，那你還要不要繼續看下去？

從眾行為：指導還是誤導

人們總是不自覺地以多數人的意見為準則，做出判斷，並採取行動。一件事情，首先不論好壞，只要有人敢做，其他人便蜂擁而至。

假如你是十字路口上的一位行人，紅燈亮了，然而馬路上並沒有行駛的車輛。這時候，有一人不顧紅燈的警告穿越馬路，接著兩人、三人……人們蜂擁而過，置身其中的你會怎麼做呢？如果你還留在原地，不但別人會說你笨，恐怕連你自己也會這樣認為。這就是「從眾行為」最常見的一個例子。

從眾行為是指人們不自覺地以多數人的意見為準則，形成印象、做出判斷的心理變化過程，以及在訊息接收中，所採取的與大多數人一致的心理和行為的對策傾向。從眾行為既包括觀念上的從眾，又包括行為上的從眾。我們來看看從眾行為對人的影響，看看人會不會因為自己的看法、選擇與大多數人不同而違心地改變自己的意見或選擇。

西元一九五二年，美國心理學家所羅門．阿希設計執行一個實驗。他請大學生們做他的受試者，告訴他們這個實驗的目的是研究人的視覺情況。當某個來參加實驗的大學生走進實驗室的時候，他發現已經有五個人先坐在那裡了。於是，他只能坐在第六個位置上。事實上他不知道，其他五個人是跟阿希串通好的假受試者。

阿希要大家做一個非常簡單的測試——比較線段的長度。他拿出一張畫有一條直線的卡片，然後讓大家對這條線和另一張卡片上的三條線做出比較，看它和三條線中的哪一條線等長。測試共進行了十八次。事實上這些線條的長短差異很明顯，正常人是很容易做出正確判斷的。

然而，在兩次正確判斷之後，五個假受試者故意異口同聲地說出一個錯誤答案。於是許多真的受試者開始困惑了。他是堅定地相信自己的眼力呢，還是說出一個和其他人一樣，但自己心裡卻認為不正確的答案呢？

從整體結果來看，有百分之三十三的人選擇了和大家一樣的答案，有百分之七十六的人至少做了一次從眾的答案，而在正常的情況下，人們對這個問題答錯的可能性還不到百分之一。當然，還有百分之二十四的人一直沒有從眾，他們堅持按照自己的正確判斷來回答。

為什麼人們會放棄自己的正確答案而改變判斷，選擇和眾人一致的錯誤答案呢？社會心理學家發現，持某種意見的人數是影響從眾行為的最重要因素。「人多」本身就是具有說服力的一個明證，很少有人能夠在眾口一詞的情況下還堅持自己的意見。

一方面，「木秀於林，風必摧之」，與眾不同是要承受很大的心理壓力，例如，車流不斷的道路上，一位逆向行駛的汽車司機；彈雨紛飛的戰場上，一名偏離群體、誤入敵區的戰士；萬眾屏息靜觀的劇場裡，一個突然歇斯底里大聲喊叫的觀眾……

另一方面，大家幾乎都討厭逾矩者，在一個體系內，誰若做出與眾不同的判斷或行為，往往會被其他成員孤立，甚至受到嚴厲懲罰。美國霍桑工廠的試驗就充分說明這一點。

霍桑工廠內的工人每天的工作量都有一個標準，完成這個工作量後，就會明顯地放鬆下來。因為任何人超額完成都可能使管理人員提高定額，所以，沒有任何人去打破日常標準。這樣，一個人做得太多，就等於冒犯了眾人；但做得太少，又有「摸魚」

的嫌疑。任何人做得太多或者太少都會被提醒，而任何一個人冒犯了眾人，都有可能被排擠。為了免遭排擠，人們就不會去「冒天下之大不韙」，而只會採取「隨波逐流」的做法。

再者，參考周圍人的做法來決定自己的行為，認為與大多數人一致的行為才是正確的行為，這並不是全無道理的。大多數情況下，多數人都去做的事情往往是正確的事情。周圍人的做法對我們有很重要的指導作用，可以使我們少走彎路，少犯錯誤。

但是，凡事有利就有弊。跟隨大多數人的做法，這為我們的行為提供了指導，可是有時候也容易誤導我們。不顧是非盲目地一概服從多數，隨波逐流，是不可取的。跟在別人屁股後面亦步亦趨，最後只會陷入艱難的處境。

第三章

轉危為安：在困境中尋找突破

在沒有嘗試時，不要輕易否定任何一條路；沒有結果時，不要輕易放棄任何一個機會。

隨手丟掉的點金石

點金石是一塊小小的石頭，它能將任何普通金屬變成純金。據流傳久遠的文獻上說，點金石就在黑海的海灘上。它和成千上萬的與其看起來一模一樣的小石頭混在一起。

文獻上還記載另外一個祕密：真正的點金石摸上去很溫暖，而普通的石頭摸上去是冰涼的。有一個人不知道從哪裡得知了這個祕密，於是他購買了一些簡單的設備，在海邊搭起帳篷，開始一粒一粒檢驗那些石頭。

海灘上布滿了各式各樣的石頭，如果他撿起一塊冰冷的石頭就將它直接就地丟下，他就會重複撿起這塊石頭。這會讓他做許多徒勞無功的工作。對此，他十分清楚，所以，一旦撿到的石頭摸起來是冰涼的，他就把它扔進大海裡。

撿石頭，丟石頭，就這樣重複做了一整天，也沒有摸到那塊溫暖的石頭。但是，他並不氣餒，接著做了一個星期、一個月、一年、三年，但是他還是沒有找到點金石。點金石就像一顆希望之星，激發了他無限的熱情，使他一直堅持下去。撿起一粒石頭，是涼的，將它丟進海裡，又去撿起另一粒，還是涼的，再把它丟進海裡。

但是，有一天上午，他撿起了一粒石頭，而且這粒石頭是溫暖的……他隨手就把它丟進了海裡——他已經形成一種習慣，把他撿到的所有石頭都丟進海裡。他已經如此習慣於丟石頭的動作，以致於當他真正想要的那一塊石頭出現時，他也將其丟進了海裡！

雖然上面的故事只是一個傳說，但習慣有時會成為阻礙你成功的障礙，讓你丟掉握在手裡的機會。那些死守習慣，不願脫離慣有軌跡的人永遠都是狹隘的，不會有所突破，有的最後甚至會走入困境，沒有出路，就像下面故事中那隻習慣舊環境，不願換地方的小青蛙一樣。

在一個小水溝裡生活著兩隻小青蛙。其中一隻小青蛙厭倦了常年生活的小水溝，而且水溝的水越來越少，已經沒有什麼食物了。於是牠每天不停地跳，想要逃離這個地方。而牠的同伴則整日懶洋洋地蹲在渾濁的水窪裡，說：「現在不是還餓不死嗎？

你急什麼？」

終於有一天，小青蛙縱身一躍，跳進了旁邊的一個大池塘，裡面有很多好吃的，還可以自由游弋。

小青蛙呱呱地呼喚自己的夥伴：「你快過來吧，這邊簡直是天堂！」但是牠的同伴說：「我在這裡已經習慣了，我從小就生活在這裡，懶得動了！」不久，水溝裡的水乾了，那隻習慣舊環境，懶得動的小青蛙就被活活餓死了。

每個人都渴望成功，都不希望自己的人生最後變得和那隻餓死的小青蛙一樣悲慘。但是，有不少人一方面抱怨人生的路越走越窄，看不到成功的希望，另一方面卻又因循守舊、不思改變，習慣在老路上繼續走下去。這樣做只是輸掉了自己。在這日新月異的社會中，我們只有不斷順應時勢，改變自己的舊觀念、舊習慣才能為自己開闢出一番新天地。

無中生有的障礙

小時候我們或許都有過這樣的經歷：拿樟腦丸和那些忙碌的螞蟻「開玩笑」。只要用樟腦丸在螞蟻行進的路上輕輕地畫一道線，牠們會驚慌失措地立即掉頭而去；又去牠們前面再設定一道同樣的樟腦丸防線，牠們還是馬上望風而逃，一次次都是如此。

等螞蟻跑累了，用樟腦丸在牠們周圍畫個圓圈，牠們就只在那個小圓圈裡轉來轉去。將圓圈縮小，螞蟻也不敢衝出那道樟腦丸防線。只有等到牠們左衝右突幾下後發現無路可走，不得不奮力突圍時，牠們才會迫不得已挺身一試。

這時，牠們不再顧忌那種奇怪的氣味，努力地向前，果然能夠走出去，而且對自己也沒有任何傷害！早知道這樣，為什麼要在那個小圓圈裡徘徊那麼長時間呢！但是螞蟻好像沒有什麼記性，剛剛衝出圓圈，再將牠們用新的樟腦丸圓圈包圍起來，牠們就和剛開始一樣，又在圓圈裡徘徊。

我們都知道，樟腦丸本身並不能對螞蟻造成實質性的傷害和阻擋。螞蟻甚至可以唱著歌大搖大擺地走過去。但螞蟻卻被那種氣味嚇住了。非得等到迫不得已的時候，牠們才挺身一試，結果發現那所謂的障礙不過是一層一捅就破的薄薄的窗紙而已。

人生又何嘗不是如此！許多障礙剛開始在我們眼裡都是那麼沉重而無奈，等到我們鼓足勇氣克服以後，才發現牠不過是螞蟻面前的那道樟腦丸防線而已，並沒有想像中那麼難。我們只是被自己思考上的失誤、盲點限制住，不敢輕易去嘗試。

在羅伯特．哈德還是一名童子軍成員的時候，他和他的夥伴們經常玩一種遊戲：凡有新成員加入童子軍的時候，就把椅子排成一圈，形成一道障礙，然後蒙上新成員的眼睛，讓他走過這條通道。隊長會在遊戲開始前給他一兩分鐘的時間叫他盡可能地記住所有椅子的位置，但是，一旦新成員被蒙上眼睛之後，他們就會立即悄悄地移開所有的椅子。

人生就如同這個遊戲，或許我們在一生中竭盡全力企圖避開的那些妨礙我們的事物，其實卻只存在於我們自己的頭腦之中，甚至有些還只是我們自己想像虛構的產物。就像我們不敢去學小提琴，不敢去學習外語等等。在我們的頭腦裡，我們總是把那些事物想得很難。其實，那往往都是我們自己想像出來的障礙。正是這種無中生有的障礙，使我們裹足不前，不敢去嘗試新的事物，自然錯失許多機會。

既然阻礙我們去發現、去創造的，僅僅是我們心理上的障礙和觀念中的頑石，那麼，我們要試著衝破自己思維上的侷限，告訴自己：「在沒有嘗試時，不要輕易否定任何一條路；沒有結果時，不要輕易放棄任何一個機會。因為，每一條路上都有成功的機會，關鍵在於你敢不敢去嘗試。」

許多不可能，只存在於人的想像之中

這是一個真實的故事：

西元一九六五年，一個普通的韓國學生到劍橋大學學習，主修心理學。他的導師是現代經濟心理學的創始人威廉．布雷迪教授。

每天喝下午茶的時候，學校的咖啡廳總是聚集了很多人，其中不乏一些成功人士，包括諾貝爾獎得主、某些領域的學術權威和一些創造經濟奇蹟的人。因此，有位韓國學生常到那裡去聽他們聊天。

時間一久，韓國學生發現，這些成功人士幽默風趣，舉重若輕，把自己的成功都看得非常自然和順理成章。這種與以前不同的經歷讓他想起韓國的一些成功人士。那些人為了讓正在創業的人知難而退，通常會誇大自己創業的艱辛。也就是說，他們在用自己的成功經歷嚇唬那些還沒有取得成功的人。

作為心理系的學生，韓國學生決定對這種現象，以及對韓國成功人士的心態加以研究。西元一九七〇年，他向自己的導師布雷登教授提交了一份名為〈成功並不像你想像的那麼難〉的畢業論文。

布雷登教授讀後，大為驚喜，他認為這是個新發現。雖然這種現象在東方甚至在世界各地普遍存在，但此前還沒有一個人大膽地提出來，並加以研究。驚喜之餘，布雷登教授寫信給他的劍橋校友——當時正坐在韓國政壇第一把交椅上的人——朴正熙。布雷登教授在信中說：「我不敢說這篇論文對你有多大的幫助，但我敢保證它比你的任何一個政令都能產生影響。」

這篇論文從一個新的角度告訴人們，成功與「勞其筋骨，餓其體膚」、「懸梁刺股」沒有必然的關聯。只要你對某一件事情感興趣，並長久地堅持下去就會成功，因為上帝賦予你的時間和智慧足夠你圓滿做完一件事情。

事實證明，這個觀點是正確的，成功的確並不像你想像的那麼難。故事中的韓國學生最後也獲得了成功，成為韓國泛業汽車公司的總裁。

很多時候，並不是因為事情難我們才不敢做，而是因為我們不敢做，才顯得事情難。正是因為人們對不熟悉的事情都存在著或多或少的畏懼，而事情的難度也就在人們的畏懼心理中被放大了。很多人因此不敢或者不肯去嘗試。其實，只要你去試一試，你就會發現其實它並沒有你想像中的那麼難。

湯瑪斯是一位美國記者，他七十六歲那年才決定開始學習中文。促使他下此決心的是林肯的一封信。林肯在信上說：

在西雅圖有一處農場，上面有許多石頭，耕種起來比較困難。正因為如此，父親才以較低的價格買下它。有一天，母親建議把上面的石頭搬走。父親說如果可以搬走的話，主人就不會賣給我們，它們是一座座小山頭，都與大山連著。

有一年，父親去城裡買馬，母親帶我們在農場勞動。母親說：「讓我們把這些礙事的東西搬走，好嗎？」於是我們開始挖那一塊塊石頭，沒多久時間，就把它們弄走了。因為那並不是父親想像的山頭，而是一塊塊孤零零的石塊，只要往下深挖一英呎，就可以晃動它們。

林肯在信的結尾還說，有些事情，一些人之所以不去做，只是認為不可能，有許多不可能只存在於人的想像之中。

湯瑪斯讀了這封信後，深受感動，他想，雖然自己年逾七旬，雖然中文不好學，但只要自己努力去學，又怎麼會學不好呢？於是，他開始投入精力學習中文。西元一九二二年，湯瑪斯訪問中國，會見了孫中山先生，他們之間對話可以不用透過翻譯。

人世中的許多事，只要想做都能做到，該克服的困難也都能克服，用不著什麼鋼鐵般的意志，更用不著什麼技巧或謀略。只要一個人還在樸實而有興趣地生活著，他終究會發現，只要去做，很多事都是水到渠成。最重要的是，你不要被自己已經形成的觀念限制或嚇唬住，要有勇於嘗試的勇氣！只有不斷嘗試新事物，你才能不斷突破自己，超越自我，從而獲得更大的成功。

別密封自己的腦袋

有這樣一個故事，甲乙丙三個業務員到廟裡賣梳子。

甲業務員到廟裡一看，都是光頭的和尚，誰也用不著梳頭，只好無功而返。

乙業務員到廟裡對和尚們說：「用梳子刮頭皮可以促進血液循環，健腦益智，對研習佛法有強記博覽之效。」於是，他賣掉了十幾把梳子。

丙業務員到了廟裡，對住持說：「善男信女們磕頭之後頭髮都亂了，如果每個香案上都擺上幾把梳子，讓他們磕頭之後能夠梳理好頭髮，既展現了關心，又使善男信女們不會蓬頭垢面，以免對佛不敬，豈不善哉？」於是他賣掉了上百把梳子。

上面故事中，甲乙丙三人去做的是同樣一件事情，但為什麼會得到截然不同的結果？這就是因為不同的人有不同的思路。

大多數人在思考問題的時候，往往都是從最普通的思路去思考，卻不知這樣做限制了想法的寬度，導致解決問題的方法變少，有時候甚至會束手無策。在遇到瓶頸或者找不到解決辦法的時候，你不妨跳出以往的束縛，從另一個角度去思考，這樣也許就會「柳暗花明又一村」。換個角度思考，也許就有新出路。

美國有一家生產牙膏的公司，其產品優良，包裝精美，深受眾多消費者的喜愛。公司每年營業額蒸蒸日上。不過，公司業績在第十一年、第十二年及第十三年呈現停滯狀態，每個月都只是維持同樣的銷售金額。

董事會對近三年的業績感到不滿，便召開全國經理級高層會議，以商討對策。會議中，有位年輕經理站起來，對總裁說：「我手中有張紙，紙裡有個建議，若您要使用我的建議，必須另付我五萬元！」

總裁聽了很生氣說：「我每個月都支付你薪水，另有分紅、獎勵。現在叫你來開會討論，你還要另外要求五萬元，是否有些過分？」

「總裁先生，請別誤會。若我的建議行不通，您可以將它丟棄，一毛錢也不必付。」年輕的經理解釋說。

「好！」總裁接過那張紙後，閱畢，馬上簽了一張五萬元支票給那位年輕經理。原來那張紙上只寫了一句話：將現有的牙膏開口擴大一公厘。

試想，每天，每個消費者多用一些牙膏，每天牙膏的消耗量將多出多少呢？這個決定，使該公司當年的營業額增加了百分之三十二。

一個小小的改變，往往會獲得意料不到的效果。

當我們面對新知識、新事物或新創意時，千萬別將腦袋密封，因為一個新的想法也許能讓我們獲得不少啟示，從而改進業績，改善生活。要知道思路決定出路，創新推動發展。在逆境和困境中，有思路就有新出路；在順境和平坦的道路中，有思路才有更大的發展。

蘋果裡有一顆星星

很多事情如果你能換一個角度，換一種想法來看的話，會有完全不同的結果。正所謂「塞翁失馬焉知非福」，一個人的錯誤，可能會成為另一個人的新發現。

小孩回到家裡，向父母講述學校裡發生的故事：「爸爸，你知道嗎？蘋果裡有一顆星星！」

「是嗎？」父親輕描淡寫地回答道，他想這不過是孩子的想像力，或者老師又講了什麼童話故事了。

「你是不是不相信？」小孩打開抽屜，拿出一把水果刀，又從冰箱裡取出一顆蘋果，說道：「爸爸，我要讓您看看。」

「我知道蘋果裡面是什麼。」父親說。

「來，還是讓我切給您看看吧。」孩子邊說邊切蘋果。

切錯了！我們都知道，正確的切法應該是從蘋果的莖部切到底部窩凹處。而孩子卻是把蘋果橫放著，攔腰切下去。然後，他把切好的蘋果送到父親面前：「爸爸你看，裡面有顆星星呢。」真的，從橫切面看，蘋果核果然顯現出一個清晰的五角星。

許多人一生不知吃過多少蘋果，總是規規矩矩地按「正確」的切法，把它們一切兩半，卻從未想到蘋果裡居然還藏著一顆星星。

不論是誰，第一次切錯蘋果，大概都是出於好奇，或由於疏忽所致，但並不是所有的人都能從切錯的蘋果中發現那顆星星。所以說，同樣一件事，好與壞，關鍵在於你自己從哪個角度去看。成功的人，在每一次的失敗中都看到另一個機會；而失敗的人，則是在成功將要來臨前就停下了腳步。

發明家愛迪生想從植物體中找出天然橡膠的新原料。他為此做了無數次的實驗。當他在第五萬次實驗失敗後，他的助手沮喪地對他說：「愛迪生先生，我們已經做了五萬次的實驗了，都毫無結果。」

「有結果！」愛迪生興奮地叫出聲來，「我們有了不起的結果呀，我們現在已經知道有五萬種東西是不行的！」

有人看到難題，有人卻看到機會。如果兩個人同時向窗外望去，一個看到的是地上的汙泥，另一個看到的是天上的星星。誰能獲得成功的青睞，誰又會把人生的路越走越窄，是毫無疑問的。要知道，「危機」包括了「危險」和「機遇」。只是我們習慣性地只看到「危險」而看不到「機遇」。

當你下次遇到難題時，先試試換個角度去思考，用心捕捉危機中的轉機，那你就會從一個新的開始，走向更美好的明天。

香蕉從哪裡開始剝

從前，普陀山上有座廟，廟裡住著一個老和尚和一個小和尚，他們師徒二人在寺廟中相依為命。

有一天，老和尚替小和尚出了一個問題：「一個愛乾淨的人和一個不愛乾淨的人一起從外面回來，是愛乾淨的人先去洗澡，還是不愛乾淨的人先去洗澡？」

小和尚抓了抓頭皮，迅速地答道：「當然是不愛乾淨的人先去洗澡，因為他身上很髒。」老和尚看了看小和尚，不置可否。

小和尚以為自己回答得不正確，又馬上改口說：「一定是那個愛乾淨的人先去洗澡。」

老和尚問：「為什麼？」小和尚胸有成竹地說：「那還不簡單，愛乾淨的人有洗澡的習慣，不愛乾淨的人沒有洗澡的習慣，只有愛乾淨的人才有可能去洗澡。」說完，小和尚等待著師父的誇獎。

出乎意料的是，老和尚不但沒有誇獎小和尚，還說小和尚沒有悟性。小和尚更加莫名其妙了。

「兩個都得去洗澡，愛乾淨的有洗澡的習慣，不愛乾淨的需要洗澡。」小和尚只有這樣回答了。可師父的臉色告訴他，又錯了。

小和尚只剩下最後一個答案，於是戰戰兢兢地回答：「兩個都不去洗澡，原因是愛乾淨的人很乾淨，不需要洗澡，不愛乾淨的人沒有洗澡的習慣。」

等小和尚說完，老和尚還是搖頭。接著，老和尚告訴小和尚說：「其實，你已經把四個答案都說出來了。但你每次都認為那一個是正確的。這樣你的答案是不全面的，因為只拿出任何一個都不是正確的答案。」

生活中這樣的例子並不少見，尤其是在與人交往的過程中，有時並非因為做得不對，而是沒有全面地思考問題。世界是豐富多彩的，一個問題也並非只有一個答案。

一位投資人曾經說過讓人印象深刻的一句話：「我們美國人吃香蕉是從尾巴上剝，中國人總是從尖頭上剝，差別很大，但是沒有誰一定要改變誰的必要吧？」

的確，香蕉是可以從任何一頭吃的，生活中的許多事也是一樣。生活並不是做是非題，不是錯就是對，同一個問題也並不是只有一個解決辦法。遺憾的是，我們很多時候都被自己的視野侷限住了，只會從一個方面去尋求突破。

從現在起，試著開拓自己的視野，遇到問題時改變舊的思考模式，從不同的角度去思考，你會發現一片廣闊的新天地。

把電梯裝在樓外

擒賊先擒王，解決了細枝末節，並不能使問題斷根，必須找到讓我們軟弱、跌倒的最主要源頭，才有新生的可能。曾經看過兩個故事，看完之後，才覺得有時候創新就來自我們最直接、最簡單的想法，不要忽略別人不經意的發現，這可能就是你創新的泉源。

1.戶外電梯

多年前，有一家飯店的電梯供不應求，打算再增加一部電梯。於是飯店請來了建築師和工程師研究如何增設新的電梯。專家們一致認為，最好的辦法是每層樓打個大洞，直接安裝新電梯。

方案定下來之後，兩位專家坐在飯店大廳討論工程計畫。他們的談話被一位正在掃地的清潔工無意中聽到了。清潔工對他們說：「每層樓都打個大洞，一定會塵土飛揚，弄得亂七八糟。」

工程師瞥了清潔工一眼說：「那是難免的。」

清潔工又說：「我看，動工時最好把飯店關閉一陣子。」

工程師說：「那可不行，關閉一段時間，別人還以為飯店倒閉了。再說，那也影響效益呀。」

「我要是你們，」清潔工不經意地說，「我就把電梯裝在大樓的外面，那樣既有利於工程進度，又不影響飯店的效益。」

工程師和建築師聽了這番話，相視片刻，不約而同地為清潔工的這一想法叫絕。於是，便有了近代建築史上的偉大變革，把電梯裝在樓外。

2.先丟下誰

美國的某家報社舉辦了一次有獎徵答活動，因其所設的鉅額獎金而吸引了眾多的讀者前來參加。

題目是：三位科學家共同搭乘一個熱氣球做環球探險，行到半路，因氣球漏氣、充氣不足而即將墜毀，唯一可行的辦法就是將三人中的某一個丟下去。

可是三位科學家都關係著人類興亡。他們之中的一位是環保專家，他的研究成果可以改善人類的生存環境，避免因環境汙染而導致人類的厄運；一位是原子能專家，他的研究成果可以防止因核戰爭而替人類帶來的災難；另一位是植物學專家，他研究改良的植物品種能在鹽鹼地或不毛之地生長，能夠解決整個人類的糧食問題。

應答讀者們觀點不一，最終一個小男孩獲得了這筆鉅額的獎金。他的答案是：將最重的科學家丟出去。

確實，最直接、最簡單的方法往往是最有效的方法。有很多偉大的創意都來自最簡單的思考方式。例如，西元前一千年，有一位主人的一個奴隸不見了，四處詢問都沒有結果，於是突發奇想寫了張尋人啟示，人類開始有了做廣告的觀念；西元一九五〇年，法蘭克．麥克納馬拉在餐廳用餐後，發現身上沒有足夠的現金，遂產生了使用信用卡的念頭，世界就此改變了購物模式。

所以說，不要將簡單的問題複雜化，單純的思考方式往往比鑽牛角尖更能獲得成功。

第四章
留白人生：給自己多一點轉圜的空間

生活就像在大海上空飛行的飛機一樣，經常置身於交叉氣流和風之間，隨時會被吹得偏離航道。事情永遠不會百分之百地像我們預期的那樣發展，所以我們要學會做成功道路上的「機師」，不斷調整方向以抵達最終的目的地。

東方不亮西方亮，轉個彎，又是另一片風光

一隻蝴蝶從敞開的窗戶飛進來，在房間裡一圈又一圈地飛，有些驚慌失措，顯然，牠迷路了。左衝右撞地努力了好多次，牠都沒有飛出房間。這隻蝴蝶之所以無法飛出去，原因是牠總在房間的天花板尋找出路，總不肯往低處飛，低一點的位置就有敞開的窗戶。最後，這隻不肯飛低一點的蝴蝶耗盡了氣力，奄奄一息地落在桌子上，就像一片毫無生氣的葉子。

成群結隊的馬加魚要比那隻蝴蝶更死板，簡直就是一條道走到黑。

馬加魚很漂亮，銀膚燕尾大眼睛，平時生活在深海中，春夏之際逆流產卵，隨著海潮漂游到淺海。漁人捕捉馬加魚的方法很簡單：將一個孔目粗疏的竹簾，下端繫上鐵墜，放入水中，由兩艘小艇拖著，攔截魚群。馬加魚的「個性」很倔強，不會轉彎，

即使闖入羅網之中也會不停地游動，所以一隻隻「前仆後繼」陷入竹簾孔中，簾孔隨之緊縮。孔越緊，馬加魚越激動，瞪起眼睛，張開背鰭，更加拚命地往前衝，結果被牢牢卡死，被漁人捕獲。

生活中，像馬加魚那樣一條道走到黑，不知轉彎，不知變通的人到處都是。如果前面有堵牆，你是轉個彎繞過去還是非要跟它較勁，把自己撞得頭破血流呢？相信每個人都會說：「當然是繞過去了，誰那麼笨啊？」可是現實生活中卻有很多人在犯錯，明知道這種方法不行，這條路走不通，這份感情沒有結果，卻仍然固執地不肯轉彎，最後只是把自己弄得傷痕累累。

要知道，固執地在有障礙的地方尋求通行是十分愚蠢的，不僅白費功夫還耽誤事情。水在流動時，如果遇到硬物阻擋則繞道而行。聰明人做事也應當如此，此處有障礙就在別處通行，東方不亮西方亮，只要我們轉個彎，絕對會出現柳暗花明又一村的無限風光。

上錯車要及時下車，搭上正確的車子

現實生活中，你有一個夢想，夢想自己十年後有好的生活。你滿腔熱忱地開始行動。然而，數月後，生活打斷了你的行動：問題總是出現，重重困難阻礙你邁向成功的腳步。現在，你該怎麼辦呢？

我們不妨把你的生活和一架從雪梨飛往東京的飛機進行比較。這是一段漫長的海上飛行，每星期都有上千人登上飛機但沒人認為自己最後到的地方不是東京。

如果有人告訴你在百分之九十五的飛行時間裡，飛機都會是偏離航道飛行的，事情又會如何？也就是說，如果沒有人控制，飛機幾乎一起飛就偏離了航道。不過，飛機是由機師負責方向的。機師有著明確的目的地——東京。他清楚飛機會被氣流吹得偏離航道，所以他監控著飛機的飛行方向，不時地進行調整，最後到達目的地東京。

生活就像那在大海上空飛行的飛機一樣，經常置身於交叉氣流和風之間，隨時會被吹得偏離航道。事情永遠不會百分之百地像我們預期的那樣發展，所以我們要學會做成功道路上的「機師」，不斷調整方向以抵達最終的目的地。

成功者並不是一開始就站在正確的起點上，找到成功的方向，他們也是在不斷的實踐中調整自己的方向，最終發現通往成功的道路。歌德用了差不多半輩子的精力學畫無成，他面對人生不斷碰壁，及時調整人生目標，在文學道路上取得一番成就。孫中山青年時懸壺行醫，最後發現醫治一人並不能救社會，於是轉而投身革命，歷經艱辛，終於成就了令世人敬佩的偉業。

因此，我們要在實踐中發現自己，盡可能地多嘗試各式各樣的發展道路，不斷根據實踐與回饋調整對自己的了解和判斷。讓我們再來看看下面這個成功的故事。

馬克．漢森所經營的建築專案徹底失敗了，因此他不得不宣告破產。

在後來的日子裡，很多人都希望聽到的是馬克如何令人驚訝地重返建築業，重新創業並一步一步爬上成功頂端的令人歡欣鼓舞的故事。如果馬克用一生的精力這樣做，這又將是一個關於恆心和毅力的傳奇故事。這類故事很多，但是馬克並不是這類故事的主角。

馬克徹底退出了建築業，忘記了有關這一行的一切知識和經歷，甚至包括他的老師——著名建築師巴克敏斯特·富勒。馬克決定去一個截然不同的領域創業。他很快就發現自己對群眾演說有獨到的領悟和熱情，並且，他很快就發現這是個很容易賺錢的職業。

一段時間之後，馬克成為一個具有感召力的專業演講者。他的著作《心靈雞湯》和《心靈雞湯II》雙雙登上《紐約時報》的暢銷書排行榜，並在榜上停留數月之久。

實際上，真正聰明的人在關鍵時刻總會放棄無謂的固執，冷靜地分析每一個問題，審慎地運用智慧，做最正確的判斷，選擇正確的方向，並及時確認選擇的角度，適時調整。

有些事情，你做了很大的努力，並為之堅持不懈，苦苦勞動，但最終如果你發現自己走向的是一條死巷、一面牆，那這個時候就需要你能夠退出來，重新研究，尋找對策。不能達到目標時，就去開發別的專案，尋找新的機會。

在人生的道路上，我們要常常看手中的地圖，檢查一下自己是否還在朝著正確的方向前進，如果不是，那就及時做出必要的調整。在陷入泥淖時，要及時爬出來，遠遠地離開那個泥淖；上錯車時，要及時下車，搭上正確的車子。

認真吃好「回頭草」

草原上有兩匹馬，一高一矮正在悠閒地啃著肥美的青草。牠們心情舒適，邊吃邊聊，慢慢往遠處走去。

「等一下我們吃完了這裡的草，回頭吃吧！你看還有好多草沒有吃呢！」那匹矮一點的馬說道。精良的馬聽後，不屑一顧地打了一個響鼻，根本就沒有往後看，牠心想：好馬不吃回頭草，往回走什麼呀？還怕前面沒有草嗎？想到這裡，牠輕蔑地對矮馬說：「我才不願意侮辱了『好馬』的名聲，要吃你自己回頭吃吧。」

兩匹馬一直往前走，可是草越來越少，牠們已經接近沙漠的邊緣了。矮馬說：「我們還是往回走吧！恐怕再往前走就沒草了。」

「好馬」還是那種傲慢的表情，堅持認為「好馬不吃回頭草」。於是，矮馬回頭走向草原，「好馬」獨自走向前方的沙漠。最後，那匹「好馬」在飢餓的折磨下，一頭栽倒在了沙漠中。

高大的駿馬只要回頭就可以重新吃到美味的青草，可是牠自己把自己的退路堵上了。

「好馬不吃回頭草！」這句話不知道是誰最先說的，最先說這句話的人應該為很多人的失意和悲劇負責任。因為這句話讓人缺乏迴旋的空間，不知道有多少人因為這句話喪失了大好機會，甚至自己把自己的出路堵死了！信奉「好馬不吃回頭草」的人，大概以為這句話表達的是一種勇往直前的勇氣和志氣，但是誰又敢確定地說，這不是一種「意氣用事」呢？「回頭」往往也包含著新的機會、新的開始和新的面貌。可惜的是絕大多數人在面臨該不該回頭的問題時，都把「意氣」當成「志氣」，或用「志氣」來包裝「意氣」，把「傲慢」當成「自尊」，明知「回頭草」又鮮又嫩，卻怎麼也不肯回頭去吃！而且還有「苦海無邊，回頭是岸」這句話呢！

人活在世上，不要太過剛烈，也不可太過偏執。凡事留些餘地，留給自己和別人一些迴旋的空間。當「好馬」餓成「死馬」時，就再也不是一匹「好馬」了！所以，在考慮吃不吃「回頭草」這個問題時，應該多考慮一些眼前的「時務」，也就是客觀現狀，例如：

認真吃好「回頭草」

——我現在有沒有「草」可吃?

——能不能吃飽?以後會不會有草吃?

——如果不吃,我還能堅持多久的時間?堅持的後果是什麼?

——「回頭草」到底有沒有吃的價值?吃了對我有什麼幫助?考慮清楚後,如果「回頭草」更好,那你就把「面子」、「志氣」這些拋開,認真地吃好「回頭草」,把自己養成一匹更加精壯的馬!時間會讓人忘記你是一匹吃回頭草的馬。如果你吃回頭草而有所成就時,別人會佩服你,認為你是一匹「好馬」!

聰明地彎曲，明智地妥協

每個人都有自己的原則，都有自己堅持的東西，可是，生活有時會逼迫我們妥協。這個時候，你是怎麼做的呢？強硬地拒絕，堅持自己的意見還是聰明地彎曲，找到兩者的平衡點呢？

米開朗基羅的〈大衛像〉是舉世無雙的藝術傑作。但在這件雕像完成之初，曾有負責官員因不滿意它的鼻子而向米開朗基羅提出了更為「高明」的修改要求。

在面對堅持還是妥協的選擇時，雕刻大師會怎麼做呢？讓我們來看看這個有趣的故事。

經過反覆的推敲和精心的雕刻，米開朗基羅終於完成了大衛像。對作品上下左右審視了一番後，他覺得非常滿意。正在這時，負責這件事的官員過來了。

那位官員看來看去，似乎覺得不太滿意。米開朗基羅問：「有什麼地方不對嗎？」，「嗯，鼻子太大了！」那位官員說。

「是嗎？」米開朗基羅站到官員的身邊，在雕像前面看了看，恍然大悟般大叫了出來：「可不是嗎！鼻子大了一點！沒關係！我馬上改！改完絕對讓您滿意！」說完他就拿起工具爬上架子，叮叮噹噹地鑿起來。

隨著米開朗基羅的不斷雕刻，掉下許多大理石粉。那位官員不得不躲開。過了一會，米開朗基羅終於雕好了。這一次，他請那位官員到架子上去檢查：「您看，現在可以了吧？」

官員爬上架子看了看，高興地說：「是啊！現在極好了！這樣才對啊！」

送走那位負責官員後，站在一旁看到這一切的朋友問他：「我覺得你雕刻得很好啊！為什麼他一說不好，你就馬上修整？」

米開朗基羅回答道：「我只是偷偷抓了一小塊大理石和一把石粉，到上面做做樣子而已，我根本沒有更改原來的雕刻。那位官員覺得雕像有問題，是因為剛開始時他是從下面仰視雕像的。」這就是大師的高明之處。

實際上，妥協並不意味著放棄原則，一味地讓步。在妥協與堅持之間還有第三條路可走，那就是明智地妥協，找到二者的平衡點。

任何東西「至剛則易折」，只有「剛柔並濟」才能無往而不利，正如劍在千錘百鍊中通曉屈伸後才能削鐵如泥。講原則的人雖然讓人生敬，但也可能讓人生「畏」，而那些既堅持自己的原則，又懂得妥協的人才可敬而且可親。

所以，做人不能太死板、太生硬、太嚴肅，不懂得轉彎，否則人生之路會越走越窄。

手把青秧插滿田，低頭便見水中天

有一首形容農夫插秧的詩：「手把青秧插滿田，低頭便見水中天。六根清淨方為道，退後原來是向前。」的確，一時的退步是為了更好的前進。人生的道路上障礙重重，有時前面是險坑，有時前面是高牆，如果只知道不顧一切向前的話，就會跌落險坑粉身碎骨，撞上高牆鼻青臉腫。因此，懂得以退為進，轉個彎、繞個路，就會發現世界還有更寬廣的空間。

以退為進、欲擒故縱在戰爭中經常可以見到，我們就以軍事爭鬥為例。進攻太急時反而會激起敵人的瘋狂反撲，增加取勝的代價。這時我們可以特意讓敵方逃走，跟在逃敵之後，不要逼近他們，等到他們累得沒有力氣，鬥志逐漸磨滅，戰鬥力削弱的時候，再一舉將其全殲。這樣就可以取得戰爭的最後勝利。

「欲擒故縱」的絕妙戰例是諸葛亮的七擒孟獲。

蜀國建立之後，便定下北伐大計。當時西南夷酋長孟獲率十萬大軍侵犯蜀國。諸葛亮為了解除北伐的後顧之憂，決定親自率兵收服孟獲。蜀軍主力到達瀘水附近，先在山谷中埋下伏兵，誘敵出戰，將孟獲誘入伏擊圈內，使之兵敗被擒。可是諸葛亮決定對孟獲採取「攻心」戰，斷然釋放孟獲。孟獲表示下次一定能擊敗蜀軍，諸葛亮則笑而不答。

孟獲回營後，將所有船隻據守瀘水南岸，阻止蜀軍渡河。諸葛亮乘敵不備，在敵人不設防的下游偷渡成功，並襲擊了孟獲的糧倉。孟獲暴怒，要嚴懲將士，激起了將士的反抗，於是，將士們相約起義，趁孟獲不備，將孟獲綁赴蜀營。諸葛亮見孟獲仍不服氣，就再次把他釋放。

以後孟獲又用了許多計謀，但都被諸葛亮一一識破。孟獲後來又被擒了四次，但諸葛亮都放了他。最後一次，諸葛亮火燒了孟獲的藤甲兵，第七次擒住孟獲。孟獲終於服了，他真誠地感謝諸葛亮七次不殺之恩，誓不再反。從此，蜀國西南邊境安定了，諸葛亮徹底消除了後顧之憂，全力舉兵北伐。

諸葛亮在第一次誘擒孟獲後，已經達到擒拿敵軍主帥的目的，敵軍在短時間內也不會有很強的戰鬥力了，此時如果乘勝追擊，便可大破敵軍。但是諸葛亮考慮到孟獲在西南各部落中的威望很高，影響很大，只有讓他心悅誠服，主動請降，才能使蜀國西南邊境真正穩定。如若不然，西南邊境的少數民族部落是不會停止侵擾的，那蜀國的後方就難以安定。因此，諸葛亮才一次次不辭辛勞地擒拿孟獲，因為他要獲得的不只是一個西南酋長孟獲，而是整個蜀國後方的安定。

所以說，退讓是為了更好地前進，良好的撤退應和偉大的勝利同樣受到獎賞。

另外，主動退讓不僅可以緩解當時的壓力、困境，還可以為自己積蓄能量。引擎利用後退的力量，反而產生更大的動能；空氣經過壓縮，反而更具爆破的威力。很多時候，我們要想成就一件事情，必須低頭匍匐前進，才能成功。可惜多數情況下我們都錯誤地認為「撤退」就意味著承認錯誤或接受失敗。

一位在中國開發房地產的成功人士，西元一九九六年來到一座大城市，想在此創立一家占地約三千平方公尺的大商場。正當他找好土地，付了訂金準備開工時，亞洲金融危機開始了。面對這種情形，他果斷決定此專案立刻停止，雖然損失了幾十萬元，但卻避免了更大的損失。他的決定是對的，西元一九九七年以後好幾家大商場倒閉了。

該放手時就放手，不可陷得太深，須知有退才有進，「留得青山在，不怕沒柴燒」。

第五章
心向陽光：看見生活的光明面

試著放寬你的心，好好對待周圍已經發生和即將發生的一切！心寬，路就寬；心窄，路的盡頭只有夾縫！

是什麼囚禁了章魚

一隻章魚的體重可達三十公斤。但是，如此龐大的生物，身體卻非常柔軟，柔軟到幾乎可以將自己塞進任何自己想去的地方。

章魚沒有脊椎，這使牠可以穿過一個硬幣大小的洞。牠最喜歡做的事情，就是將自己的身體塞進海螺殼裡躲起來，等到魚蝦走近，就咬住牠們，注入毒液，使其麻痺，然後飽餐一頓。對海洋中的其他生物來說，章魚可以稱得上是最可怕的動物之一。

不過，人類卻有辦法制伏章魚。漁民根據章魚那愛鑽孔的天性，將小瓶子用繩子串在一起沉入海底。章魚一見到小瓶子，都爭先恐後地往裡面鑽，不管瓶口多麼小、多麼窄。結果，這些在海洋裡無往不勝的章魚，都成了瓶子裡的囚徒，變成了人類餐桌上的美味。

是什麼囚禁了章魚？是瓶子嗎？不，瓶子放在海裡，牠不會走路，更不會主動去捕捉章魚。囚禁了章魚的，是牠們自己。牠們朝著最狹窄的路越走越遠，不管那是一條多麼黑暗的路，即使那前面是個死巷子。

看了上面這個小故事，你可能會覺得章魚很笨，其實，我們之中的許多人也像章魚一樣，自己囚禁了自己，在苦惱、煩悶、失意、誘惑的瓶子裡越鑽越深，越走越窄。既然是自己囚禁自己，那也只有自己才能幫自己鬆綁。

一個人被煩惱纏身，於是四處尋找擺脫煩惱的祕訣。有一天，他來到一個山腳下，看見一片草叢中，一個牧童騎在牛背上，吹著橫笛，逍遙自在。他走上前去問道：「你看起來很愜意，能教我擺脫煩惱的方法嗎？」

牧童說：「騎在牛背上，笛子一吹，什麼煩惱也沒有了。」

他試了試，不靈。於是，又繼續尋找。

不久，他來到一個山洞，看見有一個老人獨坐其中，面帶滿足的微笑。

他深深地鞠了躬，向老人說明來意。

老人問道：「這麼說你是來尋求解脫的？」

他說：「是的！懇請不吝賜教。」

老人笑著問：「有誰捆住你了嗎？」

「沒有。」

「既然沒有人捆住你，那就是你自己捆住了自己。自己打的結只有自己才能解開，別人是幫不上忙的。」

在生活中，很多時候都是我們自己囚禁了自己，自己捆住自己，自己認為自己不行，做不到，做不好，以致於人生之路越走越窄！那麼現在，試著敞開你的心胸，擺脫桎梏，你會發現其實大多數煩惱都是自找的，大部分的困難並沒有我們想像中的那麼難，捆住你的只是你自己而已！

走出化解怨艾的第一步

俗話說：「多個朋友多條路，多個敵人多堵牆。」可是我們總能看到不少人為他們緊張的人際關係而煩惱。其實，容易結怨的人只是在封閉自己的心，不肯敞開心扉。卻不知道那樣只會讓自己的心多吃一種苦，多受一種罪。

實際上，要消除誤會，解除怨艾，與對方化敵為友並不是一件困難的事情，讓我們來看看一名作家在文章中提到的一個故事。

我的學校有兩個女生吵架，驚動了學校的訓導處和雙方家長。說起來好笑，吵架的源頭只是一句玩笑話，但脆弱的心不堪承載，於是引發了怨怒。

在為這兩個女孩解決的過程中，我發現她們都不算刁蠻，且都因失去了對方的友誼而暗自傷懷，我便分別告訴她們說：「退一步海闊天空，你應該主動去跟好朋友認個錯，求得她的諒解。世界這麼大，人和人碰個面都叫緣，你們要在一起相處一千多天呢，這是多麼深的緣分！你應該惜緣才對呀！」聽了我這番話，兩個女孩都點頭稱是，都表示會與對方言歸於好。就這樣，她們的事了結了。

時隔一個學期，有一天，我在走廊裡遇到了其中一個女生，她向我問好，我便隨口跟她聊了幾句。後來，我問起那個曾與她吵架的女生的情況，她臉一紅，低下了頭。我吃驚地問：「難道，你們倆到現在都沒有和好？」她慚愧地點了點頭，支支吾吾地說：「我……我也想主動和她說話，可是……我……我一直沒有找到合適的機會。」我又好氣又好笑，對她說：「你想要機會是吧？那好，現在，你就去教室，告訴那個女生，我找她有事！」她愣了一下，看我不像是在開玩笑，便轉身去了教室。

沒多久，兩個人小聲嘀咕著畏縮地走到我面前。我說：「你看，這不就說話了嗎？」

是的，要消除誤會，解除怨艾並不難，只是人們礙於面子等種種原因都不願先走出化解的第一步。人人都將自己的心封閉，被動地等待著和解機會的降臨。可是，如果不敞開心扉，就算那機會降臨，你的心也感受不到啊！

所以，趕快將封閉的心敞開，多交朋友少結仇人，豐富自己的人脈資源。這樣，人生的路才能越走越寬，越走越順。

寬心而行，何憂何慮

一個人擁有的想法和他選擇的心態在一定程度上決定了他的人生之路能走多寬。正所謂「心有多寬，路就有多寬」，擁有正面心態的人，能讓平凡的小事變得富有情趣，能使沉重的工作、學習變得輕鬆愉快，能讓苦難的光陰多一些美好瞬間，能把難以成功的事變得容易可行。擁有負面心態的人，則總是把苦難寫在臉上，把煩惱掛在嘴邊，把憂愁放在心上。他們總是把所有的事物看得很悲觀，很黑暗，遇事畏首畏尾，毫無自信。這樣的人，就算機會自己送上門來，他們也把握不住，只會錯失良機。

其實，人與人之間的差距就是心態上的那一點點差異——正面心態與負面心態的差異。

愛德華．伊文斯出生在底特律一個貧苦的家庭，家裡有七口人要靠他吃飯。一開始他以賣報為生，然後在一家雜貨店當店員。後來，他找到一個助理圖書管理員的工作，雖然待遇很差，他卻不敢辭職。

直到八年後，愛德華才鼓起勇氣開始他自己的事業。他用借來的五十五美元，做出了一番事業，一年能賺兩萬美元。然而不久厄運卻降臨了：愛德華替一個朋友擔保了一張金額很大的支票，而那位朋友破產了。很快，在這次災禍之後又來了一次大災禍，那家存著愛德華全部財產的大銀行破產了，他不但損失了所有的錢，還負債累累。愛德華承受不住這樣的打擊，吃不下，睡不著，開始生起奇怪的病來。沒有別的原因，只是因為擔憂。他甚至寫好了遺囑，然後躺在床上等死。

漸漸地，愛德華意識到掙扎或是擔憂都無濟於事，只好放棄，也放鬆下來。他找到一份一周三十美元的工作，去推銷輪船上的擋板。到這時，他已經學會不再憂慮，把心放寬。他不再為以前發生的事情後悔，也不再為將來的事憂慮了。愛德華把所有的時間、精力和熱情都放在推銷擋板上。他進步很快，幾年時間，他就成了伊文斯工業公司的董事長。格陵蘭的伊文斯機場就是以他的名字命名的。

兩種不同的心態，兩個相反的結果。正向心態是人獲得成功、健康、幸福和財富的源泉。一個人有了正面的心態，成功就變得容易。而負面心態則能剝奪人生活中最寶貴、最美好、最有價值和最有意義的東西，甚至能使人走上絕路。

既然一個人的心態如此重要，那改變心態難不難呢？改變心態說難也不難。任何事物都有兩面，就看你怎麼看待問題，怎麼選擇。面對太陽，你眼前是一片光明；背對太陽，你看到的是自己的影子。就好比下面這個有兩個兒子的老太太。

老太太的大兒子賣傘，小兒子晒鹽。為這兩個兒子，老太太幾乎每天都憂心忡忡。遇上晴天，老太太就念叨：「這大晴天，傘可不好賣啊。」而遇到雨天，老太太又嘀咕：「這陰天下雨的，鹽怎麼晒？」

如此憂心忡忡，老太太竟憂慮成疾。這可把兩個兒子愁得不知如何是好。幸虧弟兄兩個訪得一位智者。智者對老太太說：「晴天好晒鹽，您該為小兒子高興；雨天好賣傘，您該為大兒子高興。」老太太聽了智者的話，果真就無憂無慮了。

凡事常有兩面，是非、好歹、得失，總是我中有你，你中有我，何必非把一件事情想得那麼糟？要知道，一個人的成功往往取決於他是否具有正面的心態。從現在起，試著放寬你的心，好好對待周圍已經發生和即將發生的一切！心寬，路就寬；心窄，路的盡頭只有夾縫！

斷崖之上，梅子正好

一個人在森林中遊玩時，突然遇見了一隻飢餓的老虎。老虎大吼一聲就撲了上來。他立刻用最大的力氣和最快的速度逃開，但是老虎緊追不捨。他一直跑一直跑，最後被老虎逼到了斷崖邊上。

站在懸崖邊上，他想：與其被老虎捉到活活咬死，還不如跳入懸崖，說不定還有一線生機。於是他縱身跳入懸崖。幸運的是，他卡在了一棵樹上。那是一棵長在斷崖邊的梅子樹，樹上結滿了梅子。正在慶幸之時，這個人聽到斷崖深處傳來巨大的吼聲，往崖底望去，原來有一隻凶猛的獅子正抬頭看著他。獅子的聲音使他心顫，但他轉念一想：獅子與老虎同是猛獸，被哪個吃掉都是一樣的。

剛一放寬心，他又聽見一陣聲音，仔細一看，是兩隻老鼠正用力地咬著梅子樹的樹幹。他先是驚慌，立刻又坦然了，心想：被老鼠咬斷樹幹摔死，總比被獅子咬死好。

情緒平復下來後，他感到肚子有點餓，看到梅子長得正好，就採了一些吃起來。那梅子真好吃，他覺得一輩子從沒吃過那麼好吃的梅子。吃完梅子，他找了一個枝椏休息，心想：既然遲早都要死，不如在死前好好地睡上一覺，於是他就靠在樹上沉沉地睡了。

睡醒之後，他發現兩隻老鼠不見了，老虎、獅子也不見了。他順著樹枝，小心翼翼地攀上懸崖，終於脫離了險境。原來，就在他睡著的時候，飢餓的老虎終於按捺不住，大吼一聲，跳下懸崖。

老鼠聽到老虎的吼聲，驚慌地逃走了。跳下懸崖的老虎與崖下的獅子展開激烈地打鬥，雙雙負傷走了。

懸崖上有老虎，懸崖下有獅子，樹上還有老鼠，境遇已是如此，過多的擔憂、驚慌、害怕都沒有用，不如接受現實，安然地享受樹上甜美的果實，安心地睡覺，這樣說不定能擺脫困境。

其實，從我們誕生那一刻開始，苦難就像飢餓的老虎一直追趕著我們，死亡就像一頭凶猛的獅子一直在懸崖的盡頭等待，白天和黑夜的交替就像兩隻老鼠，正不停地用力咬著我們暫時棲身的生活之樹，終有一天我們會落入獅子的口中。

可以說，我們從出生的那個時候起就一步步地走向死亡，每個人都知道自己終要死去，卻沒看過哪個人天天擔憂這個問題。因為大家都知道死亡是生命的一部分，是無法避免的。同樣，在人生的道路上還有很多無法避免的處境和既成事實，我們要做的也就是放寬心，坦然接受，用樂觀的態度去面對。

在紐約市中心的一座辦公大樓裡有一個開貨梯的人。與別人不同的是，他的左手掌被砍斷了。但是，他卻像什麼事情都沒有發生過一樣，依然每天面帶微笑地迎接來來去去的人。

有一天，有人問他：「你的那隻手沒有了，你會不會覺得難過？」他說：「不會，我根本就不會想起它。只有在要穿針引線的時候，才會想起這件事情來。」

人世間有很多事情就是這樣無奈。有些事情是你可以創造的，有些事情是你可以改變的，而有些事情卻是你不可改變的。人不可避免地會在漫長的歲月中碰到一些不可改變、無法迴避的事情。它們既然是這樣，就不可能是那樣。遇到這種情況時，我們應該讓自己坦然接受它們，並且適應它們，就像楊柳承接風雨，水適應一切容器一樣。

美國心理學之父威廉．詹姆士教授曾經說過：「要樂於接受事情就是這樣的情況，因為接受既成事實是克服隨之而來的任何不幸的第一步。」有許多人被憤怒和憂慮毀了生活，就是因為他們拒絕接受不好的結果，拒絕接受既成事實。他們不願由此出發來改變現狀而重新構築生活，不願在不幸之中盡可能地挽回一些損失。

美國許多有名的商人，他們大多數都能接受那些不可避免的事實，並且過著無憂無慮的生活。如果不這麼做的話，他們就會被巨大的壓力壓垮。創立潘尼百貨的潘尼這樣說：「哪怕我所有的錢都賠光了，我也不會憂慮，因為我看不出憂慮可以讓我得到什麼。我會全力以赴爭取做好自己的工作，無論結果如何，我都欣然接受。」

對必然之事，坦然地接受。因為即使我們對那些困難、不幸感到憂慮、難過，我們也不可能改變那些已經發生的事實。在你坦然接受它們之後，說不定會有另一扇門為你打開，讓你走出困境，就如同故事中身處老虎、獅子和老鼠這三重威脅下的那個人。

你無法左右天氣，但可以改變心情

有一個女人，她的父親是個廚師。她常常向父親抱怨事事艱難，不知如何面對生活，她有些厭倦人生。於是父親把她帶進廚房。父親分別往三口鍋裡倒入一些水，然後，把鍋放在旺火上。

沒多久，水開了。父親往三口鍋裡分別放入了胡蘿蔔、雞蛋以及碾成粉的咖啡豆。女兒有些好奇，不知道父親要做什麼。二十分鐘後，父親關了火，把胡蘿蔔撈出來，放入一個碗內，把雞蛋撈出來，放入另一個碗內，然後把咖啡倒在一個杯子裡。

父親轉頭問女兒：「孩子，你看見了什麼？」，「胡蘿蔔、雞蛋、咖啡。」她說。父親讓她摸摸胡蘿蔔，結果她發現胡蘿蔔變軟了。父親又讓她拿起雞蛋，打破它，剝掉殼。這是一個煮熟了的雞蛋。最後，父親讓她喝了一口咖啡，嚐到鮮濃的咖啡，女兒笑了，小聲說：「父親，這意味著什麼？」

父親說：「三樣東西面臨同樣的逆境——煮沸的開水，但其反應各不相同。胡蘿蔔入鍋前是硬的，放進開水裡它就變軟了；雞蛋原來是靠薄薄的外殼保護著蛋白和蛋黃，開水一煮，蛋白和蛋黃合為一體了；粉狀咖啡豆很獨特，進入沸水，卻改變了水。」

在人生的道路上，尤其在面對艱難和逆境的時候，我們可以想想這個故事中的胡蘿蔔、雞蛋和咖啡豆——你改變不了環境，但可以改變自己；你改變不了現實，但可以改變態度；你改變不了過去，但可以改變現在；你不能預知明天，但可以掌握今天；你不能控制他人，但可以掌握自己；你不能樣樣順利，但可以事事盡心；你不能延伸生命的長度，但可以決定生命的寬度；你不能左右天氣，但可以改變心情；你不能選擇容貌，但可以展現笑容。

是的，你改變不了現實，但可以改變態度，就像屠先生那樣。屠先生是著名的商人，那年他搬家到一個山野小村。這裡茅屋簡陋，人煙稀少，土黃水黃草黃，人的臉色也黃，連路也沒有直的，當然不少委屈。

有位朋友去探望他，說：「你我是同鄉，有什麼不開心的，今日都說出來。」他笑：「你以為我在這裡受罪？我開心著呢！養雞、餵牛、種菜、割草，樣樣新鮮，這裡的人也非常善良。」

朋友猜他可能有所顧慮，接著問：「難道你不留戀城市的生活？」，「城市？以前上泰山上黃山早起爬山為一睹日出，經常不是陰就是雨，敗興而歸。現在我無論哪天早點起床，都能看到日出，少說也看過一百種日出了。以前一天疲憊，拖著兩腿到公園去呼吸新鮮空氣，現在一出門，隨時俯下身，閉上眼，就能深深地吸上一口，什麼都滿足了。以前上街買點菜，看上去新鮮的，其實至少放了一天，有的還泡了一整夜水，讓你怎麼炒也炒不出鮮味。現在，一分鐘前還在田裡的菜，十分鐘後就到嘴裡了。」

當然，下雨一身泥，屋裡一團黑，沒了電視，別了電燈，他都沒有說，也沒有想。他的心情之所以這樣好，那是因為他從來不讓壞的情緒占據心房。朋友問他：「你為什麼這麼開心？」他反問：「我為什麼不這麼開心？」

是啊，為什麼我們不能換個角度，把事情往好的方面看呢？要知道，「人有悲歡離合，月有陰晴圓缺」，再順利的人生也有殘缺。生活本身不會變得輕或重，災難也不會因為你的祈禱或詛咒改道，人生總有幾段黑暗的峽谷要我們獨自穿行。但是，你完全有辦法改變你的心情、你的感受。只要你把視角稍微轉換一下，人生仍舊會是一片海闊天空。也只有那些會讓自己製造好心情的人，才有可能從容地走向光明。

水之於容器，隨緣萬方

有一個人在社會上總是不得志，於是有人建議他去找智者。他找到智者，訴說了自己的煩惱。智者沉思良久，默默舀起一瓢水，問：「這水是什麼形狀？」這人搖頭：「水哪有什麼形狀？」智者不答，只是把水倒入杯子，這人恍然大悟地說：「我知道了，水的形狀像杯子。」

智者沒有回答，又把杯子中的水倒入旁邊的花瓶，這人又說：「我又知道了，水的形狀像花瓶。」智者搖頭，輕輕提起花瓶，把水輕輕倒入一個盛滿沙土的盆。清清的水便一下滲入沙土，不見了。

這人陷入了沉思。智者低身抓起一把沙土，嘆道：「看，水就這麼消失了，這也是一生！」

這個人將智者的話咀嚼良久，高興地說：「我知道了，您是透過水告訴我，社會處處像一個容器，人應該像水一樣，盛進什麼容器就是什麼形狀。而且，人還很有可能在一個容器中消失，就像這水一樣，消失得無影無蹤，而且一切無法改變！」這人說完，緊盯著智者的眼睛，他急於得到智者的認可。

「是這樣。」智者拈鬚，轉而又說，「又不是這樣！」說完，智者出門，這人隨後。在屋簷下，智者蹲下身，手指在青石板臺階上摸了一下，然後頓住。這人把手指伸向剛才智者手指所觸之地，他感到有一個凹處。他疑惑，他不知道這本來平整的石階上的「小窩」藏著什麼玄機。

智者說：「一到雨天，雨水就會從屋簷落下。你看，這個凹處就是水滴長期打擊造成的結果。」

此人遂大悟：「我知道了，人可能被裝入容器，但又像這小小的水滴，改變著堅硬的青石板，直到破壞容器。」

智者說：「對，這個窩會變成一個洞！」

這個人答：「那麼，我找到答案了！」

智者不語，用微笑和沉默送別這個人。這個人離開了智者，重新回到社會，這世間又多了一個充滿活力的人。

我們每個人之於社會，猶似水之於容器。生活是不公平的，你要去適應它，要像水適應容器一樣適應社會，盛進什麼容器就是什麼形狀，同時還要具備滴水穿石的恆心與毅力。只有這樣，你才能將命運掌握在自己手中，走出寬闊的人生道路。

總把負擔背在身上，不累嗎

一個人覺得生活很沉重，便去見哲學家柏拉圖，以尋求解脫之道。柏拉圖沒有說什麼，只是給他一個簍子讓他揹在肩上，指著一條沙石路說：「你每走一步就撿一塊石頭放進去，看看有什麼感覺。」那人開始遵照柏拉圖所說的去做，柏拉圖則快步走到路的另一頭。

過了一會，那人走到了小路的盡頭，柏拉圖問他有什麼感覺。那人說：「感覺越來越沉重。」

「這就是你感覺生活越來越沉重的原因，」柏拉圖說，「每個人來到這個世界的時候，都揹著一個空簍子，在人生的路上每走一步，就從這個世界撿一樣東西放進去，所以就會有越走越累的感覺。」

生活中的很多人就像故事中那個一路撿石頭的人，總是將過去的負擔背在背上，放在心裡，不肯卸下。很多人都是這樣，經常為很多事情煩惱：為自己犯過的錯誤自怨自艾；為已經交的考卷擔憂；為自己說過的話後悔，後悔當初沒有把話說得更好……

人生在世不要總是把過去的負擔背在身上，背負太多，最後你只會被壓彎腰，被拖累前行的腳步，被擋住人生的出路。人生之路短短幾十年，雖不算太長，可這一路上形形色色的包袱太多，壓力不少。假如我們把這些負擔、壓力比作一杯水的話，你認為你自己能堅持拿多久？

拿一分鐘，誰都能拿；拿一個小時，可能覺得手酸；拿一天，可能就得進醫院了。其實這杯水的重量不是關鍵，關鍵在於時間。再輕的一杯水，你拿的時間久了，也會覺得很沉重。這就像我們承擔的壓力一樣，如果我們一直把壓力放在身上，到最後一定會覺得壓力越來越重而無法承擔。

所以，我們要學會割捨，學會放棄，學會適時放下壓力休整一番，然後再重新拿起壓力那杯水，這樣我們才能承擔得更久。

對於以往的過錯和疏忽一直耿耿於懷是完全沒必要的。是的，過錯和疏忽是我們的不對，可是誰沒有犯過錯呢？我們只要從中吸取教訓，避免下次再犯同樣的錯誤就好了。這種壓力，我們要學會割捨、學會放棄，將它從我們壓力的包袱中清除掉。對於必須承擔的壓力，我們也要學會適時將其放下，好好休息一下。

記住，過去的已經過去，我們能掌握的只有現在。只有卸下以往的包袱，才不會被過高的包袱擋住視線，找不到人生的出路。輕裝上陣，才能更好地前進。

第六章
退路與出路：不進不退的掙扎

背水一戰、破釜沉舟的軍隊往往能獲得勝利。同樣，一個做事不留退路、一心向前的人，不管遇到什麼困難和障礙，他都不會後退，因為他沒有路可以退。而那些在為自己準備退路的人其實就是在後退，他們立志不堅，把精力和時間投入到退縮的準備上，這種人絕不會獲得大的成功。

假如蝸牛沒有了殼

西元前一世紀，凱薩大帝率領他的軍隊抵達了英格蘭，他決心要打贏這場戰爭，不管遇到什麼情況都不會後退。為了讓士兵們清楚自己必勝的決心和信心，也為了斷絕士兵們逃跑退縮的念頭，凱薩命令士兵將運載他們的所有船隻都燒毀。這使得軍隊的士氣受到了莫大的鼓舞。最終，他們在這場戰爭中獲勝了。

背水一戰、破釜沉舟的軍隊往往能獲得勝利。同樣，一個做事不留退路、一心向前的人，不管遇到什麼困難和障礙，他都不會後退，因為他沒有路可以退。而那些在為自己準備退路的人其實就是在後退，他們立志不堅，把精力和時間投入到退縮的準備上，這種人絕不會獲得成功。

很多人在處理重要問題的時候，總是喜歡把這些問題暫且擱置在一邊，等以後再做。他們沒有決定的勇氣和魄力，總是想在著手做事前為自己留一條後路，以免沒有退路。對於他們來說，退路就是出路。但是，事實證明，這樣是不會有任何成就的。

有的時候，你為自己留的退路就像蝸牛背上那重重的殼，只是讓自己套上了一個套子，使自己擁有了一種安全感。然而就是因為這虛妄不實的安全感，讓你輕易地放棄了豐富多彩的生活和遼闊的空間。

蝸牛為什麼有殼？那也是因為牠永遠都替自己規定了一種安全的觀念，永遠幫自己留了一個萬一。一個人為什麼不能堅持到底？我想也是因為他根本就沒有傾盡全力，他總是事先就幫自己留好了退路。實際上，一個人能否成功，關鍵在於他意志力的強弱。

意志堅強的人不管遇到什麼困難和障礙，都會百折不撓，想方設法地克服；意志薄弱的人一遇到麻煩，甚至在挫折還沒有到來之前，他們就開始庸人自擾，徬徨失措，把精力都放在如何規避問題上，放在為自己鋪設後路上。當困難一個接一個到來時，他們就一步接一步後退，最後他們終將無路可退。

現實生活中，這樣的人並不少。他們富有上進心，希望有一番成就和作為，但是他們意志薄弱，沒有必勝的決心，不敢破釜沉舟；他們始終左搖右擺，沒有堅定的信念，一遇到挫折和困難，馬上就縮回了進取的手和腳。這樣的人，這樣的心態，最後遭受失敗也就不足為奇。

不為自己留後路，讓自己沒有迴旋的餘地，方能竭盡全力，銳意進取，就算遇到千萬個困難，也不會退縮，因為回頭也沒有路了，只能不顧一切地前進，也許還能找到一線希望。有了這樣一種「拚命」和「豁出去」的信念，才能徹底地消除心中的恐懼、猶豫和膽怯。

當一個人不給自己任何退路的時候，他就什麼都不怕了，勇氣、信心、熱忱等從心底油然而生，到最後自然能「置之死地而後生」。

就像蝸牛沒有了殼，那牠就一定不再是無骨無脊的軟體動物。牠也一定能長出健壯的腿，生出有力的翅膀，一定能脫離卑汙、潮溼、陰暗的生存困境，擺脫依賴與怯懦，不再無奈地生存。

所以說，面對嚴峻的問題和重要環節，周全而細緻地考慮問題的各個方面也是應該的，但是過多地權衡，前怕狼後怕虎，一下這樣一下那樣，最終卻還是維持原樣。出路和退路不是同義詞，而是反義詞，留退路就沒有出路。因此，做事應該只找出路，不留退路。

安樂窩，難突破

麻雀是要不停地換窩的，哪裡的樹枝高，牠就在哪裡安家。很多動物也是需要不停地遷徙的，牠們在不斷遷徙和落巢中表現出了驚人的適應能力。人的適應能力並不比動物差，你不要總固守著自己的那一小塊天空，捨棄不下熟悉的環境和所謂的「安穩」。

正所謂「流動才有活力」，很難想像一個安於現狀的年輕人能夠有多大的突破，有多好的成就。在競爭普遍存在的今天，如果你還以為一輩子的安穩就是安樂窩的話，那你遲早要被社會淘汰。如果有人現在就做好了一輩子的打算，那麼請他告訴我，除了棺材還有什麼？

再問一句，你知道恐龍是怎麼滅絕的嗎？餓死的。因為牠偏食，因為牠不肯改變。所以，你應該保持運動的狀態，這樣才能對社會的變動保持敏感的反應。只有那些學習「鯉魚躍龍門」，勇於打破自己舊的生活意識和狀態的人才能擁有更加廣闊的發展空間。

正如人們所說，跳出原先的「槽」，你才能開闊視野，學到新的技能，增長才能，找到更為理想的職位。

當然，跳槽忌頻繁。你要根據自己的實力和條件來選擇。有一個女孩，她原本只有高職學歷。進了某廣告設計公司後，做了一陣子，覺得待遇太低，工作環境也不盡如人意，就跳槽走人了。到了另一家公司，雖然薪水較高，但常常要加班，老闆對員工也不關心，做了不久，這個女孩再次離去。此時，她沒有急於找工作，而是忙於「充電」，學完了大學課程，再去應徵。由於自己調整了心態，又有真才實料，很快被一家外商公司選中。

所以，一個人要想成功，要想在事業上有所建樹的話，就不能在一棵樹上吊死。要學會根據自己的條件和優勢，不斷調整自己以適應周圍的環境。

想不冒任何風險，只有什麼也別做

一次，有人問一個農夫：「你種麥子了嗎？」

農夫回答：「沒有，我擔心不下雨。」

那個人又問：「那你種棉花了嗎？」

農夫說：「沒有，我擔心蟲子吃了棉花。」

於是那個人又問：「那你種了什麼？」

農夫說：「什麼也沒種。我要確保安全。」

農夫確實是安全的，他不必擔心麥子乾死，發不出芽來，他也不必擔心棉花被蟲子吃得變成「光桿司令」。但是，對於一個農夫來說，他沒有豐收，沒有金黃的麥粒，沒有雪白的棉花，那將是他最大的風險。

一個人想要不冒任何風險，只有什麼也不做，就像農夫一樣。可是這樣的話，到頭來他就什麼也沒有，什麼也不是。你在逃避受苦和悲傷的同時，也拒絕了正常而健康地成長、生活和學習，其實這反而是最大的風險。因為有許多事，人們是無法逃避，也逃避不了的。如果你什麼也沒經歷過，什麼也不會，那只要一點小小的風險，就會讓你手足無措。

那些害怕風險的人就像遇到危險的時候把頭藏在沙土中的鴕鳥一樣，只不過是掩耳盜鈴的行為而已。風險無處不在、無時不有，並不會因為你的躲避而消失，反而會讓你感到越來越棘手。

其實，困難和風險也是欺軟怕硬的，你強它們就弱，你弱它們就強。你要時刻記得，最困苦的時候，沒有時間去流淚；最危急的時候，沒有時間去猶豫。害怕承擔風險就是坐以待斃！只有樂於迎戰風險的人，才有戰勝風險、奪取成功之望，就像俗諺所說：「冒險越大，榮耀越多。」

任何天氣，我都愛海

一個人在海岸上遇見一個水手，他們兩個交談起來。

「你為什麼會如此熱愛海呢？」他問，「那裡瀰漫著霧，而且空氣又潮又冷。」

「海上不是經常有霧，也不總是很冷的，有時，海是明亮而美麗的。但在任何天氣，我都愛海。」水手說。

「當一個水手不是很危險嗎？」他問。

「一個熱愛自己工作的人，是不會想到什麼危險的。我們家的每一個人都愛海。」水手說。

「你的父親也是嗎？他現在在做什麼？」他問。

「他是一個水手，已經死了，死在海裡。」

「你的祖父呢？」

「死在大西洋裡。」

「你的哥哥呢？」

「當他在印度一條河裡游泳時，被一條鱷魚吞食了。」

「既然如此，」他說，「如果我是你，我就永遠也不到海裡去。」

水手沉默了一會，反問道：「你願意告訴我你父親死在哪裡嗎？」

「他在床上斷的氣。」他說。

「你的祖父呢？」

「也是死在床上。」

「這樣說來，按照你的邏輯，如果我是你，」水手說，「我就永遠也不到床上去。」

在懦夫眼裡，到處都有危險。如果因為海上有苦澀的沙和吹痛臉龐的風，有摧枯拉朽的驚濤駭浪，有吃人不眨眼的生猛之物……水手就要放棄大海的話，那每年在馬路上喪生的人不勝枚舉，我們是不是就要因此拒絕走上街頭，蜷縮在家呢？工人施工有危險，城市的建設是不是就要因此而停止呢？喝水有可能被嗆死，吃飯有可能被噎死，那我們是不是就不要喝水、不要吃飯呢？

風險無處不在，只有懦弱的人才懼怕風險。那些熱愛生活的人總是勇於挑戰風險，勇往直前。因為機遇總是潛藏在風險中，沒有了風險也就喪失了一切機遇。機遇與風險是成正比的，高風險才能帶來大成就。

迎向危險，獲得新生

幾位業餘登山愛好者在向一座高峰前進。半路上，突然狂風暴雨、電閃雷鳴，他們感到害怕，不知所措，是返回山下的宿營地，還是在這半山腰等待別人的幫助，抑或是繼續前進？

「當然是立即下山了！」一位年輕人說，「到了宿營地，我們不就安全了嗎？不用擔心風雨和雷電的襲擊……」說完他轉身就要往下走。

還有幾個聲音在說，就待在這裡不要動。

這時，一位經驗豐富的登山者緊緊地拉住那個年輕人說：「千萬不要下山！我們應該繼續前進。」

年輕人聽了覺得很奇怪，不禁問道：「為什麼不往山下跑？山頂風雨不是更大嗎？」，「往山頂走，固然風雨可能更大，卻不足以威脅你的生命。至於向山下跑，看起來風雨小些，似乎比較安全，但卻可能遇到山洪。」那位經驗豐富的登山者嚴肅地說。於是大家在他的帶領下，一鼓作氣地爬上了山頂。

雨停時，已是傍晚時分。在下山的過程中，他們發現那條山路有些地方坍塌了，還留有雨水沖刷過的痕跡。再往下走，石塊和泥沙堆積得到處都是。好幾處石塊下面還壓著野兔、山雞等小動物的屍體，看得出牠們似乎沒來得及掙扎就死了。

在大多數人看來，往山上走可能會遭受更大的風雨，耗費更多的體力，但是沒有想到這樣反而是最安全的。往下走或者待在原地看起來更加安全、更能保留體力，但是這樣卻有可能遇到驟然來臨的山洪而危及生命。

在風雨和挫折面前，逃避只會帶來更多的危機，況且生活中的很多事情是沒有選擇也無從逃避的，你只能勇敢地面對，努力地迎接挑戰。

西元一九二一年夏天，富蘭克林．羅斯福患了脊髓灰質炎。此後，他走路再也無法離開拐杖了。坐在輪椅裡被人推著走成了他生活中不可或缺的一部分。在這種常人很難接受的事實面前，羅斯福並沒有逃避。他努力鍛鍊，保持一貫樂觀的生活態度和對事業的追求。最終，羅斯福戰勝了病魔，也學會了怎樣引導處於驚慌之中的美國人民。在美國最困難的時刻，這位跛腳總統以自己的堅毅和樂觀告訴一個驚慌而跛行的國家如何闊步前進。

面對風雨，逃避它，你只有被捲入洪流；迎向它，你卻能獲得新生！

第七章

夢想落地：把心中的路走成腳下的路

再長的路，一步步也能走完；再短的路，不邁開雙腳也無法到達。

哥倫布立起雞蛋

哥倫布發現了新大陸之後，皇室為他舉行了慶功宴。在宴會上，一位大臣不服氣地說：「任何一個人坐上船航行，都能發現新大陸，有什麼稀奇，值得大家這樣大驚小怪！」有幾個大臣也在旁附和。

哥倫布在旁一言不發，朋友們都為他著急，埋怨他怎麼不辯解。過了一會，哥倫布叫僕役從廚房拿來了幾個熟雞蛋，請大家玩一個遊戲——將雞蛋豎立在桌上。許多人嘗試，卻沒有一位能將雞蛋豎立起來。

這時，只見哥倫布拿起一個蛋，用蛋的一端朝桌面砸下去，蛋的一端破了，蛋也就穩穩地直立在桌上。

滿桌的王公大臣譁然，都說這算哪門子遊戲，三歲小孩也會做。哥倫布聽後不疾不徐地說：「雖然是很簡單的遊戲，你們卻沒有一個會做，知道怎麼做之後，大家卻都說太簡單了！」

其實，付諸行動比光知道怎麼做更重要！只要你積極地付諸行動，再困難的事，都有做到的可能，再遙遠的夢，都有實現的希望，就像下面故事中這個年輕的大學生最終實現了自己辦一所大學的心願。

有一位年輕的大學生，他在校讀書期間發現大學的教育制度存在著許多弊端。於是他向校長提出了消除弊端的一些建議，可是校長並沒有採納他的意見。但是這位年輕人沒有放棄自己的這些想法。經過一段時間的思索，他心中浮現這樣一個願望：自己辦一所大學，自己當校長來消除這些弊端。

辦學校至少需要一百萬美元。一時之間到哪裡去找這麼多錢呢？等畢業後靠自己的努力去賺取，那太遙遠了。他常常默不作聲地坐在那裡冥想苦思如何能擁有一百萬美元。同學們都認為他有精神病，整天想著不切實際的事。但他並不理會這些，他堅信自己可以籌到這筆錢。

有一天，這個年輕人終於想到了一個辦法。他打電話到報社，說他明天要舉行一個演講，題目叫「如果我有一百萬美元，我會做什麼」。在報社的宣傳下，來聽演講的人很多。面對臺下諸多成功人士，他在臺上聲情並茂地說出了自己的構想。許多商界人士被他的精彩演講吸引住了。

演講完畢，一個商人站了起來，激動地對他說：「年輕人，你講得非常好。我決定贊助你一百萬，你大膽地按照你說的去辦吧。」

就這樣，年輕人用這筆錢創辦了阿穆爾技術學院，也就是現在著名的伊利諾理工學院的前身。而這個年輕人就是後來深受人們愛戴的哲學家和教育家岡索洛斯。

想法人人都有，但大多數人總是想想就算了。如果你光說、光想卻不去做，那永遠是原地踏步，根本到不了成功的彼岸。要知道，再長的路，一步步也能走完；再短的路，不邁開雙腳也無法到達。

有多少黑暗是自己造成的

有兩支火把奉火神之命到世界各地去考察。這兩支火把中有一支沒有點燃，另一支是點燃的，發出很亮的光芒。

過了不久，兩支火把回來交出考察報告。

第一支火把說，整個世界都陷在濃郁的黑暗中。它覺得眼前的世界處於一種很壞的情況，甚至已壞到了極點。

可是第二支火把的報告卻剛好相反，它說它無論到哪裡，總可以找到一點光明，所以在它看來這個世界是十分有希望的。

聽了這不同的報告，派它們出去考察的火神就對第一支火把說：「也許你該好好地問一問自己，有多少黑暗是你自己造成的？」

是的，我們也該問問自己，有多少黑暗是我們自己造成的，有多少困難是我們自己想像的？我們是不是把問題和困難想得太嚴重了，以致於自己被自己嚇到，自己被自己的心理束縛住了？

佛洛姆是美國著名的心理學家。某一天，幾個學生向他請教心理威懾對一個人的影響。佛洛姆微微一笑，什麼也不說，就把他們帶到一間黑暗的房間裡。

在他的引導下，學生們很快就穿過了這間伸手不見五指的神祕房間。接著，佛洛姆打開房間裡的一盞燈，在這昏黃的燈光下，學生們才看清楚房間的布置，不禁嚇出了一身冷汗。原來，這間房子的地面就是一個很深很大的池子。池子裡蠕動著各種毒蛇，包括一條大蟒蛇和三條眼鏡蛇，有好幾條毒蛇正高高地昂著頭，朝他們「吱吱」地吐著蛇信。池子上面有一座橋，剛才他們就是從這座橋上通過的。

佛洛姆看著他們，問：「現在，你們還願意再次走過這座橋嗎？」大家你看看我，我看看你，都不作聲。

佛洛姆笑了：「我可以解答你們的疑問了，這座橋本來不難走，可是橋下的毒蛇對你們造成了心理威懾，於是，你們亂了方寸，慌了手腳，表現出各種程度的膽怯。其實池子裡那些蛇的毒腺早已經被除掉了。」

生活中的許多事就像試驗反映出來的結果那樣，很多困難只是存在於我們的想像之中。在面對各種挑戰時，也許失敗的原因不是勢單力薄，不是智慧低下，也不是沒有把整個局勢分析透澈，而是我們自己把困難看得太嚴重，把事情考慮得太詳盡，以致於被困難嚇倒。

試想，如果你看到的都是黑暗和無望，那你怎麼還有足夠的勇氣去行動？沒有行動，就算創意再妙，想法再好，那也只是空想。所以，不要自己幫自己製造黑暗，認準了目標就專心走好自己腳下的路，不要過多考慮路上的各種險惡。這樣，我們才能順利到達目的地。

老鼠變的老虎

一隻小老鼠成天待在家裡愁眉苦臉，牠不敢出去，即使到了晚上也不敢走出洞門半步，因為牠怕貓。

「貓這個東西實在太可怕了！」牠總是這樣說，而且一想到貓就渾身發抖。

天神非常同情這個可憐的小東西，於是就施法把牠變成一隻貓。可是，老鼠變成的貓還是不敢四處走動，總是顯得畏縮，因為現在牠又害怕狗。

「要是遇到高大凶狠的狗，那該怎麼辦呢？」

天神想了想就把老鼠變的貓變成了狗。但是，這隻狗依然整天趴在窩裡，連大氣也不敢出。

「做一隻狗真是苦惱，要是世界上沒有老虎就好了。」

天神想：我倒要看看你變成老虎後會害怕什麼！於是，老鼠變的狗轉眼間成了一隻健壯的大老虎。

「獵人的那悍槍會要了我的命啊！」老鼠變的老虎匍匐在地上哀嘆。

天神一氣之下把老鼠變的老虎又變回了老鼠，無奈地說：「老鼠終歸是老鼠，要是把你變成獵人，你可能又會怕老鼠，還是變回來吧！不論我怎麼做都幫不了你，因為你只有老鼠的膽子。」

一個人的膽識是非常重要的，有膽識方可成就偉業。曾經有人這樣戲謔地說：「沒有膽識，你就有點常識，要是兩樣你都沒有，那你就待在家裡看電視。」這樣說，一來指沒有膽識的人難以在社會上立足；二來當然是建議人們從媒體上獲得更多的資訊和知識。

上面的話語雖然帶著戲謔之味，可是話中所說的道理卻不假。一個人的膽識往往決定著他將成為什麼樣的人。那些謹小慎微、沒有足夠膽識的人，遇到事情時總是瞻前顧後、猶豫不決，當然難以做出果斷、明智的決定，因此他們的人生之路也不可能出現什麼轉機，就是有轉機出現，也會因為他們的猶豫而錯失。一個沒有膽識的人，他的一生也注定平庸無為，毫無建樹。

不必放大心中的「怕」

一個平凡的上班族麥克．英泰爾在三十七歲那年做了一個瘋狂的決定：放棄他薪水優厚的記者工作，把身上僅有的三美元捐給街角的流浪漢，只帶乾淨的內衣褲，由陽光明媚的加州，靠搭便車與陌生人的仁慈橫跨美國。

他的目的地是美國東岸北卡羅來納州的恐怖角，這是他在精神快崩潰時做的一個決定。

原來某個午後英泰爾問了自己一個問題：如果有人通知我今天死期到了，我會後悔嗎？答案竟是那麼肯定。雖然他有好的工作、美麗的同居女友以及親友，但他發現自己這輩子從來沒有冒險過，平順的人生從沒有高峰或谷底。他為了自己懦弱的上半生而哭。

一念之間，他選擇北卡羅來納的恐怖角作為最終目的，藉以展示他征服生命中所有恐懼的決心。他檢討自己，很誠實地為自己的恐懼開出了一張清單：怕保母、老師、郵差，怕鳥、貓、蛇，怕蝙蝠、黑暗，怕公共場所、荒野、聚會，怕熱鬧又怕孤獨，怕失敗又怕成功，怕精神崩潰……他幾乎無所不怕，卻似乎「英勇」地當了記者。

英泰爾成功了，四千多里路，七十八頓餐，仰賴八十二個陌生人的仁慈。沒有接受過任何金錢的饋贈，在雷雨交加中睡在潮溼的睡袋裡，也有幾個像公路分屍案殺手或搶匪的傢伙使他心驚膽顫。他在遊民之家靠打工換住宿，住過幾個破碎家庭，碰到不少患有精神疾病的好心人，最終他來到恐怖角，接到女友寄給他的提款卡。

恐怖角到了，但恐怖角並不恐怖，原來「恐怖角」這個名稱，是由一位十六世紀的探險家取的，本來叫「Cape Faire」，被訛寫為「Cape Fear」，只是一個失誤。

麥克．英泰爾終於了解，「恐怖角」這名字的不當，就像他自己的恐懼一樣，只是人們心中那個與生俱來的「怕」字在作祟。

與此類似的故事，是我在雜誌裡面看到的，故事不同，但所說的道理卻是一樣的。

一個少年怕獨自走夜路。父親問他：「你怕什麼？」少年答：「怕黑。」父親問：「黑為什麼可怕？」少年答：「像有鬼似的。」父親問：「你見過鬼？」少年笑了：「沒有。」父親問：「那麼，現在你敢獨自走夜路了嗎？」少年低頭：「不敢。」父親問：「還怕什麼？」少年答：「路邊有一片墓地。」父親問：「墓地裡有什麼聲音或鬼火之類的嗎？」少年答：「有蟲叫，沒鬼火。」父親問：「白天的蟲叫與夜裡的蟲叫有何區別？」少年：……

一名新兵怕跳低板牆。連長問他：「為什麼不敢跳？」新兵答：「怕跌倒。」連長問：「你以前跳過嗎？」新兵答：「沒有。」連長問：「那麼低板牆絆倒過你嗎？」新兵低頭：「當然沒有。」連長問：「那你怎麼知道它會使你跌倒？」然後連長令新兵跳高，成績為一百七十公分。連長又問新兵：「你知道低板牆有多高？」新兵說：「不知道。」連長說：「一百五十公分。」

一名失業青年近幾年在家埋頭寫作，在報刊上發表了一千多個小篇幅文章。一天，父親指著一則應徵啟事說：「某報社需要編輯，快去試試！」長期與社會缺少直接接觸的青年膽怯地說：「我未必可以。」父親問：「為什麼？」青年答：「沒學歷。」父親問：「或許你發表的作品能打動報社總編呢？」青年答：「那麼多大學畢業生應聘，怎麼會看上我呢？」父親問：「你見過總編了？」青年答：「沒有。」父親問：「你了解過全部競爭對手了？」青年答：「沒有。」父親問：「那你究竟怕什麼？！」

怕走夜路的少年後來獨自走了幾回，雖緊張，卻平安無事；怕跳低板牆的新兵後來終於咬牙跳了一次，並且以後再也沒有猶豫過；怕應徵的青年後來揹著一袋報刊去見總編，居然被破格錄用……

看過上面這些故事後，在我恐懼著不知道自己有沒有能力去完成一件想做的事時，我就對自己說：「怕什麼，去經歷再說。」只有親身經歷過，你才能知道那究竟是怎麼一回事。也許等你經歷過，你會發現：你對某一件事的害怕就像「恐怖角」一樣，只是個錯誤。

也許還有很多人覺得自己有許多理想沒有實現，認為自己的人生還不夠充實，可是他們總因為種種害怕、擔憂而沒有付諸行動。

沒有行動，不去經歷，理想永遠沒有實現的一天。所以，現在你就趕快克服自己心中的那個「怕」字，先去經歷一次，也許在不遠的前方，你就會看到成功的彩虹！

把帽子丟過牆去

吉米在讀高中的時候，對生活就有一種獨特的感受，進而萌生了從事創作的衝動。每當夜幕降臨，望著滿天的星斗，吉米都會浮想聯翩，流暢地打好草稿。然而到了第二天，一拿起筆來，思緒總是亂成一團，有時甚至連標題都想不出來。

一個五彩繽紛的願望，虛構了很長時間，每每都擱淺在起步上，吉米變得悻悻不可終日。日子在無為中被消耗得沒有一點痕跡，吉米感到了從未有過的茫然。

這一年，吉米到巴塞隆納辦事，邂逅了一位經商的朋友。讓吉米感受頗深的是，這位從前的小商販，如今已是一家大公司的老闆。他們走進一家酒館，點了一桌美味佳餚，對飲起來。

喝得面赤耳熱之際，朋友向吉米吐露實情：「不瞞你說，我剛出道時遭遇過很多次失敗。幸運的是，每一次我都強迫自己，趕快打起精神奮鬥下去。」說到這裡，朋友舉起酒杯，排遣著無限的感慨一飲而盡。

「強迫自己！」吉米恍然大悟，美好的意願之所以成空，就是自己缺乏義無反顧做下去的堅定意志。從這一天開始，吉米決定強迫自己行動起來，以正面的態度面對失敗。很快他就進入了揮灑自如的狀態，成功的喜悅滌蕩了所有困惑。人生有時就是這樣，想得很美，做起來卻沒有那麼容易，美好的夢想總是走不出夢境。只有以堅定不移的決心「強迫自己」，才能勇敢地走下去。

施耐德的父親就是這樣的人。

有一次，施耐德逃避了一件該做的事。他的父親知道後對他說：「把你的帽子丟到牆的那面去。」施耐德困惑不解地問道：「這是什麼意思？」父親說：「面對一堵難以踰越的高牆，如果你遲疑不決，那就把帽子先丟過去。這樣你就會想方設法翻到另一面去，我就是這樣來到芝加哥的。」

施耐德的父親在威斯康辛州長大，對於自己何以離家別友來到芝加哥，他解釋說：「那年我也才二十歲，除了一艘名為『迪西』的汽艇，其他什麼也沒有。記得在一個夏天的早上，我帶著一包衣服，驅船來到芝加哥。由於一時找不到工作，我一度要放棄自己的夢想，駕駛著『迪西』返回。然而我沒有那樣做，而是把帽子丟到牆那邊。考慮到要想做一番大事業，就必須有一筆資金，我果斷地將『迪西』賣掉，斷絕了自己的退路。」

後來施耐德的父親到聯合愛迪生工作，在一次舞會上認識了一位女朋友，就是施耐德的母親。經過艱苦奮鬥，他的父親不僅在芝加哥成就了事業，也使全家人過上了富裕的生活。若不是當時自斷退路，這一切都無從談起。

所以，在我們為夢想奮鬥的途中，如果遭遇到難以踰越的障礙而產生退縮的念頭時，不妨把帽子丟過牆去。如果你想找回它，你就必須想盡一切辦法抵達牆的那一邊。斬斷自己的退路，強迫自己繼續前進，或許成功就隱藏在另一邊的牆角下。

萬事俱備，東風已過

安東尼．吉娜是目前紐約百老匯中最年輕、最負盛名的演員之一，她曾在美國著名的脫口秀節目中講述了她的成功之路。

幾年前，吉娜是大學藝術團裡的歌劇演員。那時她就向人們展現了一個璀璨的夢想：大學畢業後先去歐洲旅遊一年，然後要在百老匯成為一位優秀的主角。

第二天，吉娜的心理學老師找到她，尖銳地問了一句：「你旅歐後去百老匯跟畢業後就去有什麼差別？」吉娜仔細一想：是呀，赴歐旅遊並不能幫我爭取到百老匯的工作機會。於是，吉娜決定一年以後就去百老匯闖蕩。

這時，老師又冷不防地問她：「你現在去跟一年以後去有什麼不同？」吉娜有些暈了，想想那個金碧輝煌的舞臺和那雙在睡夢中縈繞不絕的紅舞鞋，她情不自禁地說：「好，給我一個星期的時間準備一下，我就出發。」老師卻步步緊逼：「所有的生活用品在紐約都能買到，為什麼非要等到下星期動身呢？」

聽到這，吉娜下定決心說：「好，我明天就去。」老師讚許地點點頭，說：「我馬上幫你訂明天的機票。」

第二天，吉娜就飛到了全世界最著名的藝術殿堂——紐約百老匯。當時，百老匯的製片人正在醞釀一部經典劇目，幾百名各國演員前去應徵主角。按照當時的應徵步驟是先挑選出十來個候選人，然後讓他們按劇本的要求表演一段主角的口白，這意味著要經過百裡挑一的艱苦角逐。

吉娜到了紐約後，並沒有急於去美髮店漂染頭髮以及購買漂亮的服裝，而是大費周折從一個化妝師手裡拿到了將排的劇本。在這之後的兩天中，吉娜閉門苦讀，悄悄演練。初試那天，當其他應徵者都按常規介紹著自己的表演經歷時，吉娜卻要求現場表演那個劇目的對白。最終她以精心的準備出奇制勝。

就這樣，吉娜來到紐約的第三天，就順利地進入了百老匯，穿上了她演藝生涯中的第一雙紅舞鞋。

每個人都把理想當作太陽，不同的是，有人盼望沐浴著溫暖悠閒地前進，有人卻勇於立刻踏進遙望理想的冰流，在逆境中前行。而打開夢想之門的鑰匙常常就藏匿在激流暗湧中。想到了就要立刻去做，如果你耽於瞻望和等待，理想就永遠是一輪止於仰望的太陽。太多的顧慮必然會讓原有的計畫拖延、耽誤，最後得到的是計畫失敗和夢想落空。

西元一九七三年，英國利物浦市一個名叫科萊特的青年考上了美國哈佛大學。常和他坐在一起聽課的是一位十八歲的美國年輕人。大學二年級那年，這位年輕人和科萊特商議，一起退學，去開發三十二位元的財務軟體。因為最新的研究成果已解決了進位制路徑轉換的問題。

當時，科萊特感到非常驚訝。因為他來這是求學的，而不是來鬧著玩的。再說要開發三十二位元財務軟體，不學完大學的全部課程是不可能的。他委婉地拒絕了那位年輕人的邀請。

十年後，科萊特成為哈佛大學電腦系位元系統方面的博士研究生；那位退學的年輕人也是在這一年登上美國雜誌《富比士》億萬富豪排行榜。

西元一九九二年，科萊特拿到了博士學位；那位美國年輕人的個人資產，在這一年則僅次於華爾街大亨巴菲特，達到六十五億美元，成為美國第二富豪。

西元一九九五年，科萊特認為自己已具備了足夠的學識，可以研究和開發三十二位元財務軟體了；而那位年輕人則已繞過位元系統，開發出 Eip 財務軟體。它比三十二位元財務軟體快一千五百倍，並且在兩週內占領了全球市場，這一年他成了世界首富。一個代表著成功和財富的名字──比爾．蓋茲也隨之傳遍全球的每一個角落。

比爾．蓋茲哈佛沒畢業就去創業了，假如等到他學完所有知識再去創辦微軟，他還會有現在的成就嗎？

在這個世界上，有許多人雖然也有夢想，卻常常顧及這個，擔心那個，沒有及時行動。他們總是在等待，等待萬事俱備，等待時機成熟。可是他們不知道的是，有多少關於愛情、事業的遺憾都是因為人們想要尋求「萬事俱備」所導致的。

她不喜歡我怎麼辦？父母不同意怎麼辦？纏身的債務怎麼辦？沒有經驗怎麼辦？資金不足怎麼辦？家人不支持怎麼辦？……他們老想著前面的困難有多少，可事實是，越是猶豫不決，困難看起來越是比實際多。等到萬事俱備再做，固然可以避免很多損失，但必須付出許多代價——成功的機會、時間、精力和熱情。而對於一個優柔寡斷的人來說，萬事俱備恐怕還是不夠的，他可能還要繼續尋求「東風」這個最後的完備條件。然而，最後他只能在等待中一事無成。

很多時候，你若立即行動就會驚訝地發現，拿浪費在「萬事俱備」上的時間和精力處理遇到的事情，往往綽綽有餘。任何規畫和藍圖都不能保證你的成功，很多人之所以能取得成功，不是事先規劃好的，而是在有了想法後立即將其付諸行動，然後在一步一步的行動中不斷調整從而取得成功的。

聰明人雷厲風行，糊塗蛋拖拖拉拉。在這個世界上，有百分之九十三的人因拖延懶惰而一事無成。如果你不儘早去做某事，那你就會迫於形勢而去做某事。所以，不要等到萬事俱備才著手去做。沒有條件可以創造條件。想到了就要做，而且要立刻做。沒有行動，再好的計畫也是白日夢。

我們可以看到，無論是退學的比爾．蓋茲，還是發現入口網站背後商機的入口網站執行長；無論是辭掉公職去鄉下開始養殖工作的企業家，還是棄官不做借五萬塊錢辦軟體公司的董事長，他們的成功都是因為在條件根本不完備的情況下，邁出了創業的步伐。因為一切的不足，都會隨著時間的推移而逐漸完備，而一個「等」字，只能白了少年頭。

現在，一旦你覺得某個目標值得一試，那就果斷地動手，不要優柔寡斷，暫且不要為那些困難而心存顧慮。顧慮太多，只會放不開手腳，就像行走於漫漫長路，前面的路有多漫長暫且不要管，其中有多少坎坷也暫且不要管，只要一步一步走下去，逢山開路，遇水架橋，一定能開闢出一片新天地。

第八章 捷徑迷思：壅塞的快速通道

葛林斯潘的成功表明，最短的路走起來並不是最快的，捷徑有時反而走不通。人人都希望能抄近道、走捷徑，結果，大家都塞在捷徑上，捷徑反而變成了死巷子。

最短的路，走起來一定最快嗎

人們都知道，在平面上，兩點之間直線最短。可在現實生活中，更多的時候是，兩點之間，最短的路走起來卻並不是最快的，彎路反而比捷徑好走。

西元一九五〇年，朝鮮戰爭爆發後，美國五角大廈把所有軍用物資購買計畫列為保密文件，而要想正確預測出備戰計畫對股市的影響，就必須知道美國政府對原料的需求量，尤其是對鋁、銅和鋼材的需求量。在高度保密的情況下，想獲得這些資訊簡直比登天還難。

就在人們一籌莫展的時候，後來的聯準會主席葛林斯潘自告奮勇說要試一試。當時的葛林斯潘剛滿二十四歲，還沒從紐約大學畢業，為賺學費在一家投資機構做兼職調查員。

其實，想知道美國政府對鋁、銅和鋼材的需求量也有捷徑，那就是翻看五角大廈的相關文件。不過這條捷徑是不可能走得通的。為得到這些保密資訊，葛林斯潘走了一條大家都想不到的彎路。

葛林斯潘首先想到西元一九四九年軍事聽證會還沒有實行保密政策。於是，他花了大量精力，研究一年以來的新聞報導和政府公告，知道了西元一九四九年和西元一九五〇年美國空軍的規模和裝備基本一致。於是他估計出了西元一九五〇年飛機的數量，再考慮到損耗量，就能基本預測出朝鮮戰爭期間每個型號戰鬥機的需求量。知道了每種戰鬥機的需求量，葛林斯潘又找來飛機製造廠的技術報告和工程手冊，一頭栽了進去，弄清楚了每個型號的戰鬥機需要多少鋁、銅和鋼材等原料，最終測算出了當時美國政府對原料的需求量。

葛林斯潘的成功表明，最短的路走起來並不是最快的，捷徑有時反而走不通。人人都希望能抄近道、走捷徑，結果，大家都塞在捷徑上，捷徑反而變成了死巷子。

另外，有許多事是不能急功近利的，所以不要總想著走捷徑。在這一點上，一名歌手深有體會，他說：

許多歌手想跟我學唱歌，如果不答應，他們就不走，還有躺在我家門口的。態度不可謂不虔誠，不可謂不令人感動。碰到這種情況怎麼辦？那就請進來吧。進來後先唱一首歌，然後我來講評。首先讚賞其熱情和長處，接著指出缺點或不足，最後提出建議。我的建議往往是：先到一個比較正規的地方，扎實地打好基礎。

這聽起來有點像走形式、敷衍人，其實我說的是實話，尤其是扎實地打好基礎這一條。大多數想進入流行音樂圈的人都比較急功近利，夢想著走捷徑，都懷有一種錯覺，以為歌手是吃「青春飯」的，經不起「磨」。他們認為有父母給的一副與眾不同的嗓子，有點表演才能，碰上一兩首好歌，再碰上好老師提點，這麼千辛萬苦，說不定就成了。「捷徑」意味著「最近的路」，但也意味著「最短的路」。捷徑可以走，問題是很可能沒走多遠就已走到了盡頭。

所以說，踏實走好每一步才是最重要的，不要總想著投機取巧、抄小路、走捷徑。那些看上去最短、最方便的路，未必是真正的捷徑。

匆匆的旅程，忽略的風景

一位富商臨終前，把他的四個兒子叫到了自己的床前。他看見窗外的廣場上有一群孩子在捉蜻蜓，便對四個未成年的兒子說：「你們到那裡幫我捉幾隻蜻蜓來吧，我許多年沒見過蜻蜓了。」

沒多久，大兒子就帶了一隻蜻蜓回來。富商問大兒子怎麼這麼快就捉了一隻。大兒子說：「我是用你送給我的遙控賽車換來的。」富商點點頭。

又過了一會，二兒子也回來了，他帶回來兩隻蜻蜓。富商問：「你這麼快就捉了兩隻蜻蜓？」二兒子說：「我把你送給我的遙控賽車租給一位小朋友，他給我十塊錢，這兩隻蜻蜓是我用七塊錢向另一位小朋友買來的。爸爸，你看這是多出來的三塊錢。」富商微笑著點點頭。

不久，老三也回來了，他帶來了十隻蜻蜓。富商問他如何捉到了這麼多蜻蜓。三兒子說：「我把你送給我的遙控賽車放在廣場上，誰要玩賽車只要交一隻蜻蜓就可以了。要不是怕你著急，我至少可以收到十八隻蜻蜓。」富商拍了拍三兒子的頭。

最後回來的是最小的兒子。他滿頭大汗，兩手空空，衣服上沾滿了塵土。富商問：「孩子，你怎麼了？」四兒子說：「我抓了半天也沒抓到一隻。那些蜻蜓好可愛，飛得那麼高，我跳起來都抓不到牠們。不過，有好幾次我差點抓住了！」四兒子眉飛色舞地講述著，似乎還沉浸在抓蜻蜓的快樂中。富商笑了，笑得滿眼是淚，他摸著四兒子掛滿汗珠的臉頰，把他摟在懷裡。

第二天，富商死了，他的孩子們在床頭發現了一張小紙條，上面寫著：「孩子們，我並不需要蜻蜓，我需要的是你們玩耍時的快樂」。

儘管事情的結果很重要，但是做事情的過程更加重要，因為省略了過程也就忽略了精彩。人生重在體驗，正是體驗的過程使我們的生命變得充實。

在人生這段旅途中，走直路省時又省力，方便又快捷，然而，總會錯過許多風景，留下許多遺憾。如果你總是以結果為導向，頭也不抬地從捷徑上急匆匆地奔赴目的地，也許最後你會後悔忽略了這一路上美好的風景。因為過程的精彩有時遠比目標的達成更讓人興奮。

人生如沙漏

現代社會節奏加快、工作繁重，人們總感覺有做不完的事情，時時想著這事要做，那事也要做，最後反而被糾纏在各種事情當中，疲憊不堪。

如果你恰好是這種狀態的話，那麼，有位軍醫對他的病人說過的話也許會對你有所幫助，那就是「你要把人生想成一個沙漏，上面雖然盛滿成千上萬的沙粒，可是它們只能一粒一粒緩慢地通過細細的瓶頸，你我都沒有辦法讓所有沙粒一起通過瓶頸。我們每個人都是沙漏，每天早上我們都有一大堆事情要做，如果我們不是一件一件地處理，像一粒一粒的沙子通過沙漏瓶頸的話，我們就可能對自己的心理或生理造成傷害。」

是的，沙子一粒一粒通過，事情一件一件處理。如果你貪多求快，認為同時處理好幾件事能獲得更高的效率的話，那你就錯了。事實證明，很多事情糾纏在一起，最後往往會把自己弄得很狼狽。你會發現，雖然投入的時間不少，但卻見不到什麼成效。

另外，從心理上說，當一個人了結一件事情後，往往會有一種解脫感和滿足感，甚至是成就感。這是一種很好的心理狀態，也是保證下一件事做好的前提。

所以，不管有多少事情在等待你處理，你也要一次只做一件事。徹底完成一件事後，再開始做下一件事。這樣不僅能提高你的效率，還能讓你不陷入混亂，不會被許多事情弄得焦頭爛額，身心疲憊。

現在，就請你拋開心中雜念，專注於眼前這一件事。在聽音樂的時候就不要亂翻雜誌，全心全意地感受那份閒適；度假的時候就不要想著工作，全心全意地感受那份輕鬆和喜悅。這樣，你才會感到生活原來是這樣簡單明瞭。

第九章　堅持到底：打開生命的泉源

與其花很多精力去挖很多口井，還不如將所有的精力集中在一口井上。將這口井挖深點，這樣水也就更多一些。當然，挖井的前提條件是你要找對地方，然後將井挖深一點。

將一口井挖深一點

記得很久以前曾經看過這麼一個小故事，說是有一個人挖井，才挖了一下子，沒有發現水就選擇了放棄。換了一個地方繼續挖，挖了一陣子還是沒有挖到水，又換了一個地方。他挖的每一口井都不夠深，總是在即將挖到水的時候放棄了……如此反覆，始終沒有在一個地方堅持挖出水來，最後以失敗告終。

做事其實與挖井是一樣的。有一批大學生被分配進了一家企業。沒過多久，因為產品老化，管理不善，這家企業處於倒閉的邊緣。於是大學生們紛紛離去，但有一位大學生留了下來。他每月只拿基本薪資，吃睡在工廠裡，沒日沒夜地為企業設計和開發新產品。

因為新產品研發的成功，這家企業又恢復了生機且日益壯大。那位大學生也成為了該企業的董事長和總經理。員工們對他非常擁戴。成績是做出來的，而不是跳出來的。只要你實在地埋頭苦幹，堅持將一口井挖深一點，你就能闖出一片屬於自己的天地。

反過來看，現在不少剛畢業的學生，在一家公司剛待幾天，就嫌不被主管重用，抱怨環境差、收入少等等，於是跳槽到另一家公司。

他們從事過各種行業，今天做推銷，明天做廣告，後天做房地產工作……跳來跳去，就像上文中那個挖井的人一樣，儘管挖了許多口井，但都挖得不夠深，始終沒有挖出水來。最後，他們發現由於自己的頻繁跳槽，浪費了很多時間，知識和能力卻沒有什麼長進。

其實機會一直都在你身邊，你打了很多口井，剛要打好一口井的時候，你很大方地放棄了，所以看似到處都是井，卻沒有一口好井、一口深井。

現代社會不斷發展，對個人的知識和經驗也提出了更高、更廣、更深的要求。廣泛地了解一些知識、技能和經驗是遠遠不夠的。

許多本來有前途的年輕人一開始無法果斷地選擇一個正確的方向持之以恆地走下去，結果直到老年仍然徘徊不定。他們企圖掌握好幾十種職業技能，最後發現還不如精通其中一兩種。什麼事情都只知道些皮毛，還不如在某一方面下足功夫，透澈理解。

許多生活中的失敗者幾乎都在好幾個行業中艱苦地奮鬥過，如果他們的努力能集中在一個方向上，就足以使他們獲得巨大的成功。如果人的一生只做一件事，那他一定能將這件事做到極致。阿甘那樣有智力缺陷的人，能將桌球打成全美冠軍，原因就在於他在做一件事時，集中所有精力將這件事做到最好。

同樣，你看那些成功人士，哪個不是將所有精力集中在某一點上，長期堅持不懈，最後才挖出甘甜的井水？

「無論從事什麼職業都應該精通它。」這是成功的祕訣。現在，最需要做到的就是「精通」二字。弄懂自己職業領域的問題，使自己比他人更精通，你就比其他人更有機會得到升遷和發展。

所以說，挖百口井不如深挖一口井。與其花很多精力去挖很多口井，還不如將所有的精力集中在一口井上。將這口井挖深一點，這樣水也就更多一些。當然，挖井的前提條件是你要找對地方，然後將井挖深一點。在乾枯的沙漠之地，很難有水源，你再努力、再堅持，那也是枉費心機。

現在，找好你努力的方向，專注做一件事，深挖一口井，你一定能挖出甘甜的井水。當這口井挖得足夠深的時候，再去挖另一口井。有人問一名企業家，為什麼他到處投資，基本上都能成功？他是這麼回答的：「手頭上一定要有一樣產品是天塌下來都是賺錢的。」所以，選擇自己最擅長的領域做精做透，將一口井挖深一點，你就能挖到清澈、甘甜、清涼的水！

一不留心，豁然開朗

有一個稱得上「世界第一」的保險業務員在退休時舉辦了一場盛大的送別會。大會吸引了很多人參加，其中有不少是業內的菁英。當有人詢問他成功的祕訣時，這位保險業務員只是微笑著示意馬上就告訴大家。

忽然，全場的燈光暗了下來，接著從後臺走出四個合力扛著鐵馬的彪形大漢，鐵馬下垂著一顆大鐵球。看到這裡，所有人都感到莫名其妙。

此時，那個著名的業務員走上臺，他沒有說話，只是朝鐵球敲了一下，鐵球紋絲不動。過了五秒，他又敲了一下，鐵球還是沒動。

不過他沒有停止簡單的敲球動作，每隔五秒他就敲一下，半個小時過去了，他仍然一句話也沒有說，鐵球也還是紋絲不動。

「這是在做什麼？捉弄我們嗎？」臺下的人群開始騷動起來，接著有不耐煩的人悄悄離開。但是這位業務員還是自顧自地專心敲著鐵球。時間一分一秒地過去，留在會場的人也越來越少，最後就只剩下了幾個人。這時，大鐵球終於開始慢慢晃動起來了。又過一段時間後，鐵球開始大幅度搖晃起來，很難使它停下來了。

「這就是我的祕訣。堅持必然會有結果。但只有耐心的人才可以得到這個祕訣。」業務員最後說。很多時候，成功就在不遠的前方等著你，關鍵是你要有足夠的耐心和毅力。我們經常遇到這樣的事，一個人為一個目標苦苦等候了許多年，後來他實在堅持不住就不再等候了。結果他剛走，那個目標就出現了。他在離成功只有一步之遙的時候放棄了。

人生的道路不可能總是平坦的，總有坎坷和困難。當你迎來人生的低谷、事業的低潮時期，感覺自己堅持不下去的時候，其實正處於黎明前的黑夜。歷史上那些成大功立大業的人都經歷過這一階段，他們之所以能成功，就在於他們都不輕易被失敗所打倒，不達成他們的理想、目標，他們絕不退卻。

西元一九四四年，名人錄模特兒公司主管埃米琳・斯尼沃利告訴一個想成為模特兒的女孩——諾瑪・珍・貝克：「你最好去找一個祕書的工作，或者乾脆早點嫁人。」這個女孩後來的藝名叫做瑪麗蓮．夢露。

西元一九五四年，鄉村大劇院旗下一名歌手首次演出之後就被開除了，老闆吉米．丹尼對那名歌手說：「小子，你哪裡也別去了，回家開卡車去吧。」這名歌手名叫普里斯萊，中文綽號「貓王」。

西元一九六二年，四個初出茅廬的年輕音樂人緊張地為迪卡唱片公司的負責人演唱他們新寫的歌曲。結果，這些負責人對他們的音樂不感興趣，拒絕了他們發行唱片的請求，其中一位甚至還說：「我不喜歡他們的聲音，吉他組合很快就會退出歷史舞臺。」這四個人的音樂組合名字叫做「披頭四樂團」。

因此，當你遇到挫折和困難的時候，一定要有堅定的信心，堅持下去，不要放棄！雖然人人都想要成功，都在找尋「成功的祕訣」，但是能堅持自己夢想不放棄的卻很少。

其實成功的祕訣很簡單，就像邱吉爾在牛津大學舉辦的一個名為「成功的祕訣」的講座上所說的那樣：「我成功的祕訣有三個：第一是，絕不放棄；第二是，絕不、絕不放棄；第三是，絕不、絕不、絕不放棄！我的演講結束了。」

通向成功的路要走一百步，很多人可能在九十九步的時候放棄了。在你遇到困難、挫折想要放棄的時候，咬咬牙，再堅持一下，也許就能「柳暗花明又一村」。只有走過了最窄的地方，以後的人生路才會越走越寬。

每一次努力都不會白費

許多人都說過這樣的話：「我試了幾百次了，可就是不成功，沒辦法，只好放棄。」你相信這句話嗎？我對此是心存懷疑的，別說幾百次，有沒有十次都要打個問號。或許有人曾試過七八次，但因為不見成效，就放棄了再試的念頭，卻不知想要做成一件事，沒有堅持不懈的努力是不行的。成功者之所以成功，就在於他們一直在不懈地努力著。

只要你不斷地努力，執著地追求自己的夢想，你就一定會有收穫。因為每一次努力都有成功的可能。而造物主從來不會讓偉大的追求者空手而歸，即使你最後沒有得到要找的東西，它也要給你一點「副產品」，作為對你的獎賞。有的時候，「副產品」的價值甚至遠遠超過了你夢想的價值。

一位年輕教師去中國泰山，本意是想看泰山的日出。他徒步而行，往返一千七百千米，歷時兩個月零六天，日出沒有看到，結果身邊多了一位女人、兩本遊記和一群天南地北的朋友。

倫琴在實驗室裡蹲了六年，本來是想找晶體光譜的，結果晶體光譜沒找到，卻意外地發現了X射線。除了X射線，英國政府還給了他十二萬英鎊，瑞典諾貝爾獎委員會獎勵他五十三萬美元，他那張印著左手印跡的感光紙，西元一九三二年被美國的一位收藏家以一百二十萬美元的價格買下。

也許你要說，一個人的成功，有時純屬偶然。可是，誰又敢說那不是一種必然？你看哪個成功者不是在堅持不懈，不達目的不放棄地努力著。所以，如果你現在是一位正在為夢想奮鬥著的人，千萬不要停下你的腳步。意外驚喜，也許明天就會降臨。每一次努力，都讓你距離成功更近一步。

小斌和小華在大學畢業後結伴到南部去找工作。小斌找來找去，最後找到一個在街頭發傳單的工作。剛開始的幾天，小斌自己也很不好意思。他在發傳單的時候，有的人臉上滿是不屑的表情，硬是擋住不要；有的人勉強接到了手裡，一轉身，就把那些印刷得花花綠綠的傳單丟進了垃圾桶。不過小斌還是硬著頭皮，堅持做著這讓不少人瞧不起的工作。

這時候他的那位好朋友小華嘲笑他：「唉，你這個工作，簡直就是每天製造垃圾，你好歹也算個知識分子，怎麼去做這種一點價值都沒有的工作呢？」小斌聽了並沒有反駁什麼，只是笑笑說：「這個工作雖然不怎麼樣，可是有不少時間可以讓我自由支配啊。」過了一段時間後，小斌找到一個比發傳單好一點的工作，在某「三流雜誌」當編輯。小斌一天到晚趴在桌子上寫一些讓人發笑的「速食文學」。這時，小華又笑他說：「你寫的那些東西都是別人看過或不看就隨便丟掉了的，根本沒有珍藏價值，這有什麼意思呢？」小斌聽了仍然毫不介意地笑笑說：「你要看到，我一直在朝著我的夢想前進啊。」

又過了幾年，小斌拿到了自學考試的文憑，而且因為長期寫作，經驗豐富了，他寫出了幾十篇品質很不錯的作品。因此，小斌被一家發行量很大的報社錄用，在那裡當副刊編輯。條件好了，視野開闊了，小斌的文章也越寫越好了。這個時候，小華才清楚地看到小斌一直一步一步走在實現夢想的道路上，於是向他豎起了大拇指，笑著說他「終於從垃圾堆裡爬出來了」。

後來，小斌在回想自己的經歷時說：「我為什麼會願意做在街頭發傳單的工作？那是因為發傳單不僅讓我有時間練習寫作，而且能觀察到很多有意思的東西，讓我累積了不少素材。正因為我在發傳單期間發表了十多篇文章，我才能找到一個專門跟文章打交道的工作啊——雖然只是一個三流的小雜誌，但它卻能為我提供更豐富的寫作機會。」小斌感慨地說：「很多時候，人朝著一個方向走，不可能一步到位，雖然在別人看來，他做的都是『垃圾』工作，卑微瑣碎沒有什麼意思，但其實這些都是他往上走的一個個臺階啊。」

是的，只要你不放棄夢想，堅持不懈地努力，一步步朝著夢想攀登，在每一次努力的背後，都有成功的希望，都會讓你距離夢想更近一步。

第十章

心境開闊：心寬則路廣

所謂人才，就是你交給他一件事情，他做完了；你再交給他一件事情，他又做完了。國中的程度跟博士後沒什麼區別，只要能做就好，我一直是這個觀點，不在乎學歷，只要能做出貢獻就好。某位企業家曾這麼說。

危機之下，脫穎而出

照理說，大學生從小到大經過一次次的考試才得以進入高等學府接受教育，從智商、學習能力方面來說，他們都不差，再加上大學幾年的教育，還具備了基礎的專業技能，本應是人才，卻為何找不到工作？大學生的就業形勢為何越來越嚴峻？

關於這個問題，有位作家在一篇文章中有一些論述，我們一起來看看。

有人曾說：「『知識失業』我們通常叫做『知識性勞動失業』，這種情況在先進國家、開發中國家都存在」。「結構性失業」是指求職者的能力或知識結構與社會需求有一定距離。

中國目前這種問題比較多，有些畢業生找不到工作，是因為他所學的專業，社會根本就不需要。

目前主要有五個因素造成「知識失業」：教育體制、求職者本身、人資部門、勞動力仲介組織、政府。

在教育體制上，大學許多專業的設定和教學內容、方法、培養目標都不是很清楚，師資也存在問題。目前中國的高等教育對市場的響應速度非常慢。教育生產的產品與企業生產的產品不一樣，它的供給彈性比較小。教育生產的產品需要四年或更長的時間。如果資訊不對等，四年生產出來後發現了問題，那是四年前的事情。

由此可見，知識性勞動失業在一定程度上是因為中國目前的教育現狀與企業實際的需求存在著很大的差距。一方面是人資部門滿懷希望招來的人才不能用。企業在吃過苦頭後，不再只看重學歷，更看重經驗，看重你能做什麼。另一方面則是剛畢業的學生因缺少人資部門所需的技能而找不到工作。

所以，在競爭激烈的今天，你要好好問問自己，大學四年，你是否學到了真正有用的知識和技能？你只有真正掌握了人資部門需要的某種技能，你才能夠脫穎而出，得到機會。而且，學歷不能代表一切。

當文憑成為廢紙

什麼樣的人是人才？企業家說：「所謂人才，就是你交給他一件事情，他做完了；你再交給他一件事情，他又做完了。國中的程度跟博士後沒什麼區別，只要能做就行，我一直是這個觀點，不在乎學歷，只要能做出貢獻就好。」

的確，一張文憑並不是人才的標籤。一個人的能力跟學歷有關係，但關係不是非常大。真正善用人才的管理者都不會過於看重學歷。

日本「經營神童」——索尼公司創始人盛田昭夫在總結自己的管理經驗時，曾寫過一本《讓學歷見鬼去吧》的書。書中提出要把索尼的人事文件全部燒毀，以便在公司裡杜絕學歷上的任何歧視。索尼公司有上萬名員工，其中大部分並不是高學歷者。在工作中，大家不論學歷高低，只比能力大小。

日本西武集團的前總裁，也是一個不重視學歷，只重視真才實學的人。他認為，學歷只是一個人受教育時間的證明，不等於一個人有實際才能。西武集團中三分之二的高層職員沒有可以炫耀的學歷，他們都是從低微的小職員做起的。在西武集團，沒有人會拿讀過什麼大學來誇耀自己，他們從不提自己的學歷，而且視文憑為「廢紙」。

凱奇是以色列一家大公司的老闆，他也曾對他的中方經理這麼說：「一次大學考試和短短的四年大學教育並不能決定一個人的一生……企業任人唯賢必須要面對公司的所有員工，就連那些根本沒有進過學校的人，也要給他們平等的競爭機會，而不應在觀念上有厚此薄彼的看法。」

所以，你完全沒有必要為自己的學歷不高而自卑。現在有學歷沒能力的人並不少。說到這裡，想起曾經看到過的一個故事。

某人的履歷自傳：能熟練使用 Photoshop、Dreamweaver 等軟體，全民英檢高級，微軟認證系統工程師，考了駕照。看起來非常優秀的一個人，等到真正工作的時候，他卻讓人大失所望。

他最初的工作是負責設計製作公司的官方網站。對於自稱能熟練使用各種軟體的人來說，這不是一件複雜的工作。結果本應在一周之內完成的網站建設策劃，他在一個月後才交出一張A4紙，上面只有大概二十行的內容。

既然他想不出網站的具體內容，公司只好找其他人來策劃，讓他去執行。結果他做出來的首頁模板又讓人非常失望。

無奈之下，公司經理說：「做網站不行，做網路維護也不行，那就讓他去做編輯。全民英檢高級的程度，翻譯一些國外的資訊應該沒有問題吧？」沒想到他對那些專業術語根本沒輒，在編輯部坐了一個月，沒有翻譯出一篇稿件，只幫忙做了一點校對的工作。

恰好老闆的司機辭職了，因為年輕人長得不錯，於是經理推薦他去替老闆開車。誰知他雖然考了駕照，卻不會開車。一上路就出錯，把車上的老闆嚇得直冒冷汗。

你說，他是人才嗎？有能力嗎？他有學歷，有各種證書，但是，除了這些，可以說他幾乎什麼也沒有。現在的社會要學歷更要能力。學歷也許能幫助你跨過企業應徵的門檻，但是，豐厚的收入、良好的待遇和廣闊的發展前景是要靠你真正的能力去爭取的。所以說，有能力的人才是人才！

畫一條更長的線

從前，在一片大森林裡生活著各式各樣的鳥，這群鳥在森林裡生活得久了，不免產生了一些紛爭，牠們急需一個優秀的領導者。經過一番商議，牠們決定推選一位勇敢而優秀的國王來領導大家。

大家正在為誰最優秀、最勇敢而議論紛紛時，一心想做國王的孔雀先開口了：「各位，就選我做國王吧！我的羽毛是最美的！」

說著，孔雀就把牠那美麗的尾巴炫耀似的展開。

鸚鵡首先附和說：「有這麼漂亮的鳥做我們的國王，是一件值得驕傲的事。我們就選孔雀當我們的國王吧！」

這時，麻雀在一旁開口了：「不錯，孔雀是最美麗的。但是，我們身體這麼弱小，當有外敵入侵時，牠有能力來保護我們嗎？與其選一個美麗的國王，倒不如選擇一個在危險的時候能夠挺身而出救我們的國王呢！」

眾鳥聽了麻雀的話，都點頭贊成。最後，大家經過投票，選舉了強悍凶猛的老鷹為國王。

學歷就像孔雀那美麗的羽毛，是你的閃爍的光環，但它不等同於實力。雖然學歷是敲門磚，可以讓你更容易地打開成功之門，但是，如果你像那孔雀一樣，只擁有可以用來炫耀的學歷，卻沒有真正的實力，那你永遠也不會有大的發展。

在當今社會，有實力是非常重要的。在成功的道路上，有無數的坎坷和障礙需要我們去跨越、去征服，只有擁有真才實學才能讓我們有能力去解決問題，克服障礙。只有使自己變強，才是解決問題的根本，就像下面故事裡那個一心想奪回冠軍獎盃的搏擊高手一樣。

一位搏擊高手參加錦標賽，自以為穩操勝券，一定可以奪得冠軍。出乎意料的是，在最後的決賽中，他遇到了一個實力相當的對手，雙方竭盡全力出招攻擊。當比賽到了中途，搏擊高手發現自己竟然找不到對方招式中的破綻，而對方卻能輕易發現自己的漏洞。

比賽結果可想而知，搏擊高手慘敗在對方手下，也失去了冠軍的獎盃。

他憤憤不平地找到了自己的師父，將對方和他搏擊的招式演練給師父看，並請求師父幫他找出對方招式中的破綻。他決定根據這些破綻，苦練出足以攻克對方的新招，以便在下次比賽時，打倒對方，奪回冠軍的獎盃。

師父笑而不語，在地上畫了一條線，要他在不擦掉這條線的情況下，設法讓這條線變短。

搏擊高手百思不解，不擦掉這條線，怎麼會有辦法使它變短呢？最後，他無可奈何地放棄了思考，向師父請教。

師父在原先那條線的旁邊，又畫了一條更長的線。兩者相比較，原來的那條線，看起來變短了許多。

師父開口道：「奪得冠軍的關鍵，不僅僅在於如何攻擊對方的弱點，正如地上的長、短線一樣，只要你自己變得更強，對方就如原先的那條線一樣，相比之下變短了。使自己變得更強，才是你需要苦練的本領。」

在人生這條因人而異的道路上，實力才是你一生的資本。因此，你要不斷地增強自己的實力，使自己變得更有能力，更強大。這樣，你的人生道路才能越走越寬，越走越精彩。

優勢，其實沒有遠離你

某部門的外貿部門有兩位年輕人，一位是日語翻譯，一位是英語翻譯。兩人都是明星大學畢業，風華正茂，在部門主管的眼裡，未來外貿部門的經理就是兩人中的一個。對此，兩人心照不宣，在工作上暗暗較勁，你追我趕，每年的業績都完成得十分理想。

因為部門有日商的投資，所以部門主管經常需要和日本人打交道，理所當然的，那位學日語的年輕人也就經常在公開場合露面。一時間，他在部門裡的口碑好於那位英語翻譯。

英語翻譯坐不住了，照這樣下去，他一定會處於劣勢，失去很好的晉升機會。於是，他決定憑著大學時選修過日語的基礎，暗暗學習日語，準備超越對手。

為了不讓別人知道，他學日語是在暗中進行的。他幾乎把業餘時間都花在了日語的學習上。

幾年過去了，他擁有了日語等級證書。他開始嘗試著與日商進行對話，幫助行銷人員處理一些日文文件的翻譯。

同事們對他掌握了兩門語言十分佩服，他自己也頗有成就感。但是，就在他自我感覺良好的時候，他翻譯的一份與澳洲商人的貿易合約在關鍵詞上出現失誤，害公司造成十萬美元的損失。

雖然事後公司透過談判，挽回了部分損失，但公司董事長為此十分憤怒。

他也十分內疚，為什麼會誤譯一個並不生僻的單字。反省再三，他醒悟過來，這些年只顧著學習日語，早已疏於對英語單字的充實和溫習，錯誤的發生是不可避免的。

他在自己的專業上敗下陣來，而且他的日語即使苦學幾載，也無法達到對手的水準，他悔之不及。

許多時候，人們總是羨慕別人所擁有的能力，卻對自己的優勢視而不見。殊不知，在你輕易丟棄自己明顯的優勢去追尋其他目標之後，也許會發現它並不完全適合自己，到頭來，反倒是連自己的優勢也消失殆盡了。

人只有在自己最有優勢的方面不懈努力，才能成功。所以，了解自己的優勢在哪裡，懂得揚長避短是很重要的。

有一個十歲的日本小男孩，在一次車禍中不幸失去了左臂。因為他很想學柔道，就拜一位日本柔道大師做師父。他學得不錯，可是練了三個月，師父只教了他一招，小男孩開始有點不懂。

他終於忍不住問師父：「我是不是應該再學學其他招式？」師父回答說：「不錯，現在你的確只會一招，但你只需要會這一招就夠了。」

小男孩並不是很了解師父的話，但他很相信師父，於是繼續練了下去。

幾個月後，師父第一次帶小男孩去參加比賽。小男孩自己都沒有想到他居然輕輕鬆鬆地就贏了前兩輪。第三輪稍稍有點艱難，但對手還是很快就變得有些急躁，頻頻進攻，小男孩敏捷地施展出自己的那一招，又贏了。就這樣，小男孩迷迷糊糊地進入了決賽。

決賽的對手比小男孩高大、強壯許多，也似乎更有經驗。小男孩顯得有點招架不住，裁判擔心小男孩會受傷，就叫了暫停，還打算中止比賽，然而他的師父不答應，堅持說：「繼續下去！」

比賽重新開始後，對手放鬆了戒備，小男孩立刻使出他的絕招，出其不意地制伏了對手，贏了比賽，得了冠軍。

在回家的路上，小男孩和師父一起回顧每輪比賽的每一個細節，終於小男孩鼓起勇氣說出了心裡的疑問：「師父，我怎麼憑一招就贏得了冠軍？」

師父答道：「有兩個原因：第一，你幾乎完全掌握了柔道中最難的一招；第二，據我所知，對手對付這一招唯一的辦法是抓住你的左臂。」小男孩恍然大悟，失去左臂居然成為他最大的優勢。

故事中的小男孩是幸運的，他的師父替他發現了他最大的優勢。你知道自己最大的優勢是什麼嗎？如果你還沒有找到，那從現在起，發現你的優勢！

不論你境況如何，你都不會一無是處。你要了解，人總有缺點，總有自己擅長與不擅長的，就像梵谷各方面都很平庸，但在繪畫方面卻是個天才；愛因斯坦當不了一個好學生，卻提出了相對論；柯南．道爾作為醫生並不出名，寫小說卻名揚天下……

每個人都有自己的特長和天賦，你只要找到自己擅長的一方面，多下些功夫，讓它變得很突出、很優異，你就會獲得意想不到的回報。因為人只有專注於自己有天賦的領域才能獲得最大的成功。而在你不擅長的方面，你花再多的時間，下再多的功夫，也可能只是徒勞。

使自己變得不可替代

有一個員工很不滿意自己的工作，他憤憤地對朋友說：「我在公司裡一點也不受重用，我想辭職不做了。」

「你向你的上司請求擔當更重要的職責了嗎？」他的朋友反問。

「沒有！」

「你可以試著向你的上司提出這樣的要求，如果不這樣，你就不會受到重視。另外我建議你先把公司的一切業務以及管理經驗都好好地學到手，然後向上司提出自己的要求，如果上司還不重用你，你再一走了之，不是既出了氣，又有許多收穫嗎？」

那位員工聽從了朋友的建議，從此便認真學習公司業務，有時下班之後，還留在辦公室研究寫商業文書的方法。

一年之後，那位朋友偶然遇到他，問道：「公司的那一套東西你都學會了吧？現在感覺怎麼樣？」

「我發現近半年來，老闆對我刮目相看。他對我委以重任，又升遷、又加薪，我怎麼捨得離開公司！」

「這是我早就預料到的！」他的朋友笑著說，「當初你的老闆不重視你，是因為你的能力不足，也不努力學習。聽了我的話後，你下苦功夫，能力不斷提高，漸漸能擔當重任了，老闆自然會對你刮目相看。只知抱怨別人的態度，卻不反省自己的能力，這是人們常犯的毛病啊！」

現實生活中我們可以看到，不少人認為自己學歷高就理應受到重視。其實，學歷只是你學習的經歷，並不能證明你的能力，再說，現在學歷高的大有人在。你問問自己，除了學歷，你有什麼優勢是別人替代不了的呢？

要想別人重視你，倚重你，你只有使自己變得不可替代才行，就像愛默生說的那樣：「一個人擁有一種別人所需要的特長，那麼無論他到哪裡都不會被埋沒。」而要想不被別人取代，取得事業的成功，你必須要努力地提高自己。只要你不斷提升自我價值，使自己變得不可替代，那你很快就會找到寬廣的舞臺，迎來輝煌的明天。

第十一章

機遇之門：為準備好的人敞開

當機會從你面前走過的時候，你沒有準備好，抓不住它，那麼它將一去不回。機會可不會站在那給你時間去準備。所以，從今天起，在等候的同時，我們還要做好準備，讓自己保持最佳狀態，以便機會出現時，可以緊緊抓住，不讓它溜走。

當幸運來敲門，你準備好了嗎

一位老教授退休後去拜訪偏遠山區的學校，向當地的老師傳授教學經驗。有一次，當他結束在山區某學校的拜訪行程，正想回到他的住處時，許多學生依依不捨，老教授也有些激動，他答應學生，星期三再來時，如果哪個學生把自己的課桌收拾得乾淨整齊，就會送給這個學生一份神祕的禮物。

於是，在老教授離開後，每到星期三早上，所有的學生都會把他們自己的桌面收拾乾淨，因為星期三是老教授例行前來拜訪的日子，只是不確定老教授會在哪一個星期三到來。

其中有一個學生一心想得到老教授的禮物留念。他害怕老教授在星期三以外的日子突然帶著神祕禮物來到，於是每天早上都把自己的桌面收拾得既乾淨又整齊。但往往上午收拾乾淨的桌面，到了下午又是一片凌亂。這個學生又擔心教授會在下午的時候突然出現，於是下午他又收拾了一次。不過，他想想又覺得不安，如果老教授在一個小時後突然出現在教室，還是會看到他的桌面凌亂不堪，於是他便決定每個小時收拾一次。

到最後，他想到，老教授隨時會到來，還是有可能看到他的桌面不整潔。因此，他時刻保持自己桌面的整潔，以便隨時歡迎老教授的光臨。老教授雖然還沒有帶著神祕禮物出現，但這個學生已經得到了另一份奇特的禮物——隨時做好準備等待機會的到來。

有許多人終其一生，都在等待一個能夠令自己成功的機會。而事實上，機會無處不在，重要的是，當機會出現時，你是否已經準備好了呢？

機會是一個沒有耐性的傢伙，它總是來也匆匆，去也匆匆。當機會從你面前走過的時候，你沒有準備好，抓不住它，那麼它將一去不回。機會可不會站在那給你時間去準備。所以，從今天起，在等候的同時，我們還要做好準備，讓自己保持最佳狀態，以便機會出現時，可以緊緊抓住，不讓它溜走。

虛掩著的機會之門

西元一九六八年，在墨西哥城奧運的一百公尺賽道上，美國選手吉姆．海因斯衝線後，轉過身去看運動場上的計時器。當計時器打出九秒九五的字樣後，海因斯攤開雙手自言自語地說了一句話。這一鏡頭後來透過電視轉播，被好幾億人看到，由於當時海因斯身邊沒有麥克風，所以他到底說了句什麼話，誰都不知道。

西元一九八四年，洛杉磯奧運前夕，一位叫戴維．帕爾的記者在辦公室播放奧運的紀錄片。當再次看到海因斯自言自語的鏡頭時，他想，這是歷史上第一次有人在一百公尺賽上突破十秒大關。海因斯在看到紀錄的那一瞬間，一定替上帝為人類傳達了一句不同凡響的話。這一新聞點，竟被四百多名記者漏掉了（在墨西哥城奧運上，到會記者有四百三十一名），這實在是太遺憾了。於是他決定去採訪海因斯，問他當時到底嘀咕了句什麼。

憑著做體育記者的優勢，他很快找到了海因斯，當他提起十六年前的事時，海因斯一頭霧水，他甚至否認當時自己說過話。戴維．帕爾說：「你確實說話了，有錄影帶為證。」海因斯打開帕爾帶去的錄影帶，笑了：「難道你沒聽見嗎？我說：『上帝啊，那扇門原來虛掩著！』」

謎底揭開之後，戴維．帕爾接著採訪海因斯。針對那句話，海因斯說，自歐文斯創造了十秒零三的成績之後，醫學界斷言，人類的肌肉纖維所能承受的運動極限不會超過每秒十公尺。看到九秒九五的紀錄之後，他驚呆了，原來十秒這個門不是緊鎖著的，它只是虛掩著，就像終點那根橫著的繩子。

海因斯的那句話為世人留下了啟迪，不是嗎？在這個世界上，只要你去做，就會發現機會的大門原來只是虛掩著的。只要你真實地付出，就能獲得成功。如果你連試都不去試，做都不去做的話，怎麼能奢望機會的到來。

從前有個國王老了，想從幾個兒子中挑選一個繼承王位。他暗中囑咐一位大臣親自帶兵到城外，在通往關隘的官道上設了特殊的路障。然後老國王把幾個最有希望的兒子逐個叫到面前，交代他們火速出城到關隘去送一封急信。

幾天後，幾個兒子都高高興興地回來了。國王便問他們走的是哪條道，怎麼走的。有的兒子說見官道被巨大的岩石堵塞了，便繞小道跑到關隘去送了信；有的兒子講述了自己如何奮勇地從巨大的岩石上爬了過去；只有最後出發的小兒子說他輕輕鬆鬆地就從官道上走了過去。老國王問小兒子：「難道沒有岩石擋住你的去路？」

小兒子說：「有啊！但我用力一推，它就翻滾到旁邊的深崖下了。」，「那麼大的岩石，你怎麼會想到用手去推它呢？」，「我只不過是試一試而已。」

後來，這個小兒子繼承了王位。

人生中，機會之門就像官道上那個擋路的大石頭，初看彷彿此路不通，其實只要你輕輕一推，機會之門就會對你打開。可惜，有無數的人，在虛掩的機會之門前，都沒有伸手去試一試就認定此路不通，最終錯過機會，走上了平庸之路。

誰都看好時，機會早沒了

一場暴雨過後，村子裡陸續有一些孩子拎著籃子向山坡跑去搶著採蘑菇。

詹妮問哥哥：「我們怎麼不去呢？」

哥哥說：「太晚了，大的、好的都已經被人搶走了。」

詹妮感到遺憾。哥哥一笑，說：「喜歡採蘑菇的話，我可以帶你去一個地方，不過有點遠，要翻一個山頭。」

詹妮趕緊換鞋子，說：「現在就走。」翻過山頭時，他們發現，路上有一些附近村莊的人拎著籃子來來往往。哥哥很懊惱：「又晚了一步！不去了，我帶你去抓魚吧。」等他們到達抓魚的地方，早就有幾個孩子在那裡彎腰忙碌了。

失望的哥哥又冒出個主意：採集雨後的野花，去公路上賣。沒想到「生意」竟然很好——不時有女乘客特地從遊覽車上下來買他們的花。開始是一束十塊錢，後來發現是「獨家經營」，就漲到一束五十塊錢，照樣賣得很快。為提高效率，詹妮和哥哥商量，一個人負責採花，另一個人負責賣花，輪流值班。那個下午，他們居然賺了幾千塊錢。

等到第二年，那裡的很多小孩子都學會這一套了。哥哥卻不肯再去賣花了，他告訴詹妮：「別人都看好的事情，絕不要去參加。因為那個時候，機會就已經沒了。」換句話說，機會的最大價值往往掌握在第一個抓住它的人手上。這就像我們等車，如果你晚走一分鐘，就有可能要比別人晚半個小時才能到達目的地。

所以說，不能快人一步的話就只能被排除在局外。戴爾公司之所以能夠最終勝過規模大於自己的康柏公司，其主要原因就在於戴爾看到了個人電腦即將普及所帶來的機會，發揮直銷的優勢，以靈活的經營策略迅速崛起，搶占了個人電腦銷售市場的巨大份額。

搶占先機才能跨入嶄新的境界，企業是這樣，個人也是這樣。因此，要想成功，你就必須擦亮自己的眼睛，鍛練出犀利的觀察力，隨時留意周圍的環境和事態的發展。只有這樣，你才能在別人還沒有發現機會的時候抓住它，才能永遠走在前面。如果你慢了一步，遲了一分鐘，那機會就有可能被別人占去。稍有遲疑，等到大家都看好時，那機會也許就不屬於你了。

伊麗莎白是石油大王洛克斐勒的女兒，像父親一樣，她對商業也有濃厚的興趣，希望可以在商場上有所作為。在巴黎的新產品博覽會上，做了充分準備的伊麗莎白對某項產品專賣權志在必得，她差一點就成功了，但最後還是遺憾地失去了這次機會，只因為她的決定晚了一個小時。

洛克斐勒聽說這件事後感到很遺憾，他尤其遺憾的是伊麗莎白失利的原因。伊麗莎白原本在「跑道最內側」跑著，占有絕對優勢，但由於重要決定晚下了一小時，她在最後衝刺的關鍵時刻讓勝利落空了。

伊麗莎白在打給父親的長途電話中懊惱地說道：「爸爸，博覽會的事您已經知道了吧？歐洲的這家公司竟然如此匆忙地指定美國代理店，我實在沒有料到。我以為可以花點時間，充分考慮之後再做決定。」

洛克斐勒在電話那邊安慰女兒：「孩子，不管怎樣，你已經盡力了。不過我只是想對你說，從事商業的人常見的缺點之一就是缺乏迅速、果斷的判斷力。如果放任緩慢的意志做決定，其時間的浪費和低效率會為公司帶來極大的損失。」

伊麗莎白從這次失敗中得到了深刻的教訓。機會來臨時，看準了就下手，如果慢了、遲了，等到大家都看好時，這個機會也許就不再屬於你了。

迎向槍口，奪路而去

有位記者曾和老演員查爾斯．科伯恩進行過一次交談。記者問的是一個很普通的問題：「一個人如果要想在生活中做成大事，需要的是什麼？智力，精力，還是教育？」

查爾斯．科伯恩搖搖頭：「這些東西都可以幫助你成大事。但是我覺得有一件事更為重要，那就是——看準時機。」

「這個時機，」他接著說，「就是行動——或者按兵不動，說話——或是緘默不語的時機。在舞臺上，每個演員都知道，掌握時間是最重要的因素。我相信在生活中它也是個關鍵。如果你掌握了審時度勢的藝術，在你的婚姻、你的工作以及你與他人的關係上，就不必去追求幸福和成大事，它們會自動找上門來的！」

這位老演員是正確的。俗語云：「英雄順時而動。」只有在恰當的時間，做恰當的事情，你才有成功的可能。那些反覆遭受挫折的人經常會對毫不留情的、不懷好意的世界感到洩氣，他們幾乎永遠意識不到：他們一而再、再而三地努力卻換不回成功的原因，就是沒選擇好時機。

看準時機，簡單四個字，要做到需要掌握以下兩點。

第一，你要學會在時機來臨的時候辨識它。在這個互相競爭的社會裡，真正的陷阱有時會偽裝成機會，真正的機會也會偽裝成陷阱。是不是機會，這需要你去判斷。

一位富翁在非洲狩獵，經過三個晝夜的周旋，一匹狼成了他的獵物。狩獵時，這匹狼被他追到一個近似於「T」字的岔道上。正前方是迎面包抄過來的嚮導，他也端著一把槍，狼被夾在中間。

在這種情況下，狼本來可以選擇岔道逃掉，可是牠並沒有那麼做，反而迎著嚮導的槍口撲過去，準備奪路而逃。狼在此時被捕獲，牠的臀部中了彈。

當時那位富翁對狼的行為很不理解：狼為什麼不選擇岔道？難道那條岔道比嚮導的槍口更危險嗎？面對富翁的困惑，嚮導說：「埃托沙的狼是一種很聰明的動物。牠們知道只要奪路成功，就有生的希望，而選擇沒有獵槍的岔道，必定死路一條。因為那條看似乎平坦的路上必有陷阱，這是牠們在長期與獵人的周旋中領悟出來的道理。」

的確，時機是一個不可捉摸的傢伙。時機來的時候並不會大聲地告訴你，而且它還會以各種不同的面貌出現，這就需要你去掌握、去判斷。

許多人都以為能夠判斷時機是一種天分，就像是具有音樂細胞的耳朵一樣，但實際情況並非如此。透過觀察那些似乎有幸具備這種天分的人，你會發現這是一種任何人只要努力，只要時時留心就都能獲得的技能。

要獲得這種技能，你必須加強自己的預見能力。未來並不是一本闔上的書。大多數將要發生的事都是由正在發生的事所決定的。

你可以根據現在的情況去判斷事情的發展。此外，你還要學會做一個局外人，以一個局外人的身分去了解其他人是怎樣看問題的，學會從不同的角度去看待周圍發生的事情。

第二，在看到時機後，你要在合適的時間採取行動，不能太早也不能太晚。早了，時機不成熟；晚了，機會已經溜走。你必須學會根據不同時機來做出巧妙的安排，爭取成功。《舊約全書》也說：「世上萬物都有適逢的季節，而塵世間的每一項意圖也都有一個合宜的時間。」

已故的紐奧良的約翰．迪勃特夫人是一位大慈善家。一個隆冬的晚上，她在翻閱一本雜誌時，被一幅漫畫吸引住了。那是兩位衣衫不整的老婦人在微弱的火堆旁瑟瑟發抖。「你在想什麼？」其中一個問道。另一個回答：「我在想，明年夏天那些貴婦會把一些保暖的衣服給我們的。」

迪勃特夫人盯著這幅漫畫看了好一陣子，最後，她爬上頂樓，打開衣櫃，把厚實的衣物打包了好幾袋，準備來日就去分發。

保暖的衣服在寒冷的冬天送出才最能體現出其價值，慈善活動在援助那些遇到燃眉之急的人時才最有意義。所以說在合適的時間採取行動是非常重要的。

機會不會自己送上門來

這個世界上，每個人都被機會包圍著，但是，機會只有在被尋找的時候才會被看見。如果你只是被動地等待機會的到來，那只會錯失良機。

你可能會說，我要上哪裡去尋找機會呢？其實，生活中機會無處不在，就看你有沒有去尋找，比如電話。很多時候，一個電話，就會為你的事業帶來轉機，替你解決面臨的難題，為你帶來意想不到的收獲。所以，如果電話老是不響，你應該主動打出去。你要了解機會只對主動尋找它的人顯示。機會是需要你去主動爭取的。

十九世紀時有一個瑞典青年，家境很不好，窮困得連肚子都填不飽了，更別提入學受教育。青年雖然在這種環境之下成長，但是絲毫不氣餒，一有多餘的時間就自修，學習了許多關於建築和化工方面的知識。

青年憑著所學的一些知識進入建築公司，從小助理做起。因為表現出色，他先後協助一些名建築師工作。在這段時間裡，他積累了許多寶貴的經驗和知識，再加上潛在的天分，逐漸在建築界小有名氣，為許多人所認可。但是，由於他沒有好的學歷和出身背景，始終沒有辦法成為地位崇高的名建築師，青年為此十分苦惱。

有一天，他在街上遠遠地見到一群侍衛，簇擁著瑞典國王卡爾十四世出訪。他情不自禁地想：如果我有國王這等際遇就好了。卡爾十四世本來是個法國人，曾是拿破崙身邊的元帥。由於老瑞典國王十分賞識他的卓越才能，因此在臨終之前收他為義子，要他統治瑞典。卡爾十四世沒有辜負老國王的厚望，將瑞典治理得井然有序。

但是，國王高高在上，要怎麼樣才能引起卡爾十四世的注意呢？

「如果我能建造一個很特殊的建築物來吸引國王，那就好了！」青年的眼睛一亮：「對呀！國王本來是法國人，那麼如果我在瑞典建造一座類似法國凱旋門的建築物，一定能引起他的注意。」

有了這個想法後，青年便四處奔走，最後爭取到幾位過去跟他有生意往來的企業家的支持。不久之後，他就在一座瑞典小城內，蓋起了一座頗具法國凱旋門神韻的建築物。

當國王經過小城，看到這個建築物時，驚訝得說不出話來，睹物思情，緬懷過往，引發了許多的感慨。事後國王特地召見青年，誇讚他的建築技術。受到國王讚賞的青年由此聲名大噪，各種媒體爭相報導他和他的建築作品。從此，這位青年一躍成為瑞典建築界大師。

不去努力，坐在那裡待價而沽的人，只會抱怨：「我不是一個幸運的人，沒有好運。」在待價而沽的人抱怨的同時，主動的人可能早已打開機會的大門，走上成功的道路。因為他們知道機會不會自己送上門來。在人生的道路上，如果你凡事不主動，只知道被動地等待，那就像下文的A一樣，很難走出人生的谷底。

A和B沿著森林的小徑前行，當天色越來越暗時，他們幾乎看不清楚道路。突然間，他們掉進了被灌木叢和樹葉覆蓋的大坑洞中。如果沒有外力的幫助，他們很難靠自己的力量爬出去，兩人感到十分煩惱。

A坐下來後，便把臉埋在手心裡，什麼事也不做，而B卻立即開始尋找脫困的方法。他在黑暗中不停地摸索，終於觸碰到一根長樹根，藉助樹根，他很快就爬出了坑洞，並幫助還在抱怨的A一起爬出來。

主動是決定一個人成功的關鍵。你應該努力成為主動尋求機會的人，而不是將你的勇氣、智力或力氣浪費在等待和抱怨上。前者能幫助你變得更有自信，也能為你贏得其他人的欣賞和尊敬。另外，你積極、目標明確的態度，也能為你贏得更多的機會。

沒有機會時，試著創造

有一個業務員以能夠賣出任何東西而出名。他曾經賣給一個四肢發達的年輕人一副拐杖，賣給一位健壯的長跑運動員一輛輪椅，賣給一個盲人一臺電視機。

有一天，他的朋友對他說：「只有賣給北極熊一個防毒面具，你才算是一個優秀的業務員。」於是，這位業務員不遠萬里來到北極，那裡是一片莽莽雪原。

「你好！」他對遇到的第一隻北極熊說，「你一定需要一個防毒面具。」

「這裡的空氣這樣清新，我要它做什麼？」北極熊說。

「你稍候，」業務員說，「不久你就會需要一個了，到時你可以來找我。」接著，這個業務員就開始著手在北極熊居住的雪地中央建造一座工廠。

「你真是發瘋了！」他的朋友說。

「不然，我只是想賣給北極熊一個防毒面具。」

當工廠建成後，許多有毒的廢氣從大煙囪中滾滾而出。不久，北極熊便來到業務員住處對他說：「現在我需要一個防毒面具了。」

「這正是我想的。」業務員說完便賣給北極熊一個防毒面具。

「別的北極熊現在也需要防毒面具，你還有嗎？」

「你真走運，我還有成千上萬個。」

「可是——，能否打聽一下，你的工廠裡生產的是什麼呢？」北極熊好奇地問。

「防毒面具。」業務員興奮而又簡潔地回答。

這個故事中的業務員無疑是個創造機會的高手。有人成天抱怨沒有機會，沒有施展才能的舞臺，卻不知道機會有的時候是需要自己去創造的。

生活中任何時刻、任何一件事都有創造出機會的可能，就看你有沒有去挖掘，有沒有去行動。正所謂庸人等待機會，智者捕捉機會，成功者創造機會。坐等機會到來是不切實際的。我們要學會像下文中的C那樣，為自己創造機會。

A在合資公司當上班族，覺得自己滿腔抱負沒有得到上級的賞識，經常想：如果有一天能見到老闆，有機會展現一下自己的才能就好了！

A的同事B，也有同樣的想法，他進了一步。他去打聽老闆上下班的時間，算好他大概會在何時進電梯，他也在這個時候去坐電梯，希望能遇到老闆，有機會可以打個招呼。

他們的同事C則更進一步。他詳細了解老闆的奮鬥歷程，弄清老闆畢業的學校，人際風格，關心的問題，精心設計了幾句簡單卻有分量的開場白，在算好的時間去乘坐電梯，跟老闆打過幾次招呼後，終於有一天跟老闆長談了一次，不久就爭取到了更好的職位。

生活中，我們很多人都像A一樣，一方面羨慕別人的機會好，抱怨自己得不到機會的垂青，另一方面卻只會坐等機會的到來。殊不知，機會只對那些像C一樣的人格外青睞。他們有準備且又善於創造機會。所以說，沒有機會，就要創造機會，有了機會，就要巧妙地抓住。

讓別人看到你的潛力

龜宰相因年邁體衰，決定告老還鄉，頤養天年，東海龍王批准了牠的辭呈，卻又交給了牠一項特殊的任務，即從牠的兩個助手中提拔一位接替宰相職務。

龜宰相這下猶豫了，因為牠的兩個助手螃蟹和烏賊都精明能幹，並且都對東海龍王忠心耿耿。究竟提拔誰呢？龜宰相一籌莫展。牠的老朋友蚌知道此事後，說：「這還不簡單，你看誰進步快、有發展潛力，便選擇誰，這不就可以了嗎？」龜宰相仔細一回味，覺得蚌的話很有道理，於是決定照辦。

經過一段時間的細心觀察，龜宰相發現，螃蟹每天上完朝後，就回到自己的辦公室處理公務。牠把辦公室收拾得乾乾淨淨，工作安排得井井有條，並且每天都認真做工作筆記，還訂定好下一步的工作計畫。

烏賊呢，上完朝後，總是先去龍宮附近逛一逛，欣賞一番美景後，才回到自己的辦公室。同時，牠那八隻手也沒有閒著，不是從海底採來一顆小珍珠，就是從小魚蝦們那裡收受一些禮品。而牠的辦公室總是弄得一團糟，絲毫看不出工作過的跡象。

龜宰相把觀察結果告訴了朋友蚌，蚌說：「看來應該提拔螃蟹，因為螃蟹工作勤懇，努力上進，是好人才。而烏賊呢，不但辦公室亂成一團糟，而且他本人遊手好閒，工作懈怠，沒有上進心，當然也就沒有發展潛力了。」

結果，螃蟹被提拔為東海龍王的宰相；而烏賊呢，如今還是一個普通的小助手。

如果你想要得到別人的重視，就必須好好表現自己，讓別人看到你的努力，看到你的發展潛力，然後你才有可能得到更好的發展機會。

有些時候，你取得了成績，但是別人並沒有看到，他們還一直認為你碌碌無為，這時你就要想辦法來讓別人看到你的進步。

從龜宰相選擇接班人的故事中，我們可以得到這樣的啟示：最主要的是要讓人們看到你是在不斷地進步。千萬不要給別人這種印象——你只適合做你現在所做的事情，整天看著牆上的時鐘，無所事事。你應該給別人一種明確的印象——你在現在的位置上，做得非常出色，並希望被派去做更重要的事情。只有這樣，你才能獲得機會，不斷取得進步，並最終有所作為。

第十二章
相信未來：每個人都有屬於自己的出路

單打獨鬥者，路越走越窄；與人合作者，路越走越寬。

互相牽制的螃蟹

有一位青年到海邊旅遊，在那裡遇到了一位抓螃蟹的老翁。他看到老翁旁邊放著兩個小竹簍，一個蓋著蓋子，一個敞著口。他猜測一定是那個蓋著蓋子的竹簍裡裝滿了螃蟹，而那個敞開口的竹簍裡沒有螃蟹或者很少。

為了證實自己的推測，他走上前去往那個敞口的竹簍裡一看：「哎喲！怎麼裡面這麼多螃蟹？」接著，他又掀開了那個蓋著蓋子的小竹簍，卻發現裡面只有一隻螃蟹。他納悶了，於是問老翁：「老伯，你這個竹簍裡只有一隻螃蟹，為什麼還要蓋著蓋子，而另一個竹簍裡裝滿了螃蟹，你卻不蓋？」

老翁淡淡一笑，回答說：「年輕人，你有所不知。這兩個竹簍的形狀和其他的不同，它的開口部分較小，而底下的部分較大。假如竹簍裡面只有一隻螃蟹，就得把竹簍蓋好，防止那隻螃蟹逃走；如果竹簍裡有兩隻以上的螃蟹，那麼竹簍口就算不蓋，也不必擔心。因為只有一隻螃蟹時，螃蟹可以順著竹簍口逃走，而若有兩隻以上螃蟹，那麼所有的螃蟹都會拚命地往竹簍口逃跑。但是這時候問題就出現了，竹簍口設計得很小，只能讓一隻螃蟹通過。一旦有螃蟹順利爬到開口處，其餘的螃蟹便會蜂擁而至，設法占據出口的位置。這樣一來，只要有螃蟹想逃走，其餘的螃蟹便會把牠拉下來，所以沒有任何一隻螃蟹可以順利逃走。」

螃蟹如此，人何嘗不是這樣。人與生俱來就有競爭的天性，每個人都希望自己比別人強，都在與周圍的人競爭。生活中有些人總是怕別人超過自己，於是為別人的成功設定各種障礙。可是，互相拆臺的最終只會導致兩敗俱傷，誰都占不了好處，就像下面的笑話。

上帝向一個人允諾說：「我可以滿足你的三個願望，但有一個條件——在你得到想要的東西時，你的敵人將得到你所得到的雙倍。」於是這個人提出自己的三個願望：第一個願望是一大筆財產，第二個願望還是一大筆財產，第三個願望卻是「請你把我打個半死吧！」。

雖然這只是一個笑話，但在現實生活中選擇盲目競爭，最終兩敗俱傷的例子比比皆是。其實如果競爭中的雙方在有共同利益的時候，能夠選擇對雙方都有利的合作，相互幫助，協調互補，相信每個人都有出路。

一起把蛋糕做大

盲目競爭只會導致兩敗俱傷，那與其爭奪利益，把資源浪費在無用的事情上，還不如想辦法把蛋糕做大，獲得更大的利益。要知道，單打獨鬥者，路越走越窄；與人合作者，路才會越走越寬。關於這一點，古今中外有不少的案例，下面是我平時整理的幾個能充分說明這個問題的小故事，希望讀者能從中得到一點點有用的東西。

1.出租還是自營

有一家公司擁有半條街的店面。平日裡就用來作為產品銷售的店面，可是公司近幾年來業務不景氣，店面也冷清了許多。剛好這條街附近是一個很大的住宅區，於是公司只好撤了門市，空房對外招租。

有一對夫婦，率先在這裡租房，開了一間風味小吃店，生意竟出奇地好。後來許多風味小吃全聚集到這條街上來。這條街人聲鼎沸，很快成了遠近聞名的小吃一條街。

看見租房的人生意這麼好，對外租房的公司再也坐不住了。公司收回了對外招租的全部店面，攆走了在這裡經營各種風味小吃的人，自己經營起小吃生意來。但沒料到僅僅一個月，這條街又冷清起來，許多常來這條街上的顧客，竟然漸漸不再來了。公司的效益也出奇的差，自己獨占做生意的收入，竟還沒有房租的收入高。公司經理百思不得其解，去詢問一個德高望重的經濟學方面的老專家。

專家聽了，微笑著問他：「如果你要吃飯，是到一個只有一家餐廳的街上去，還是要到一個有幾十家餐廳的街上去？」經理說：「當然哪裡餐廳多，選擇餘地大，我就會到哪裡去。」

專家聽了，微微一笑說：「那麼你的公司壟斷了那條街巷的小吃生意，與同一條街上只有一家餐廳有什麼不同呢？」

經理馬上醒悟過來，回去後便迅速縮減了自己公司的門市，又將店面對外招租。這條街的生意又恢復了昔日的光景。

2. 慷慨的農夫

美國南部的一個州每年都舉辦南瓜品種大賽。有一個農夫的成績很優異，經常是首獎及優等獎的得主。他在得獎之後，毫不吝惜地將得獎的種子分送給鄰居。

有一位鄰居就很詫異地問他：「你的獎項得來不易，每季都看你投入大量的時間和精力來做品種改良，為什麼還這麼慷慨地將種子送給我們呢？難道你不怕我們的南瓜品種因此超越你的嗎？」

這位農夫回答：「我將種子分送給大家，幫助大家，其實也就是幫助我自己！」

原來，這位農夫所居住的城鎮是典型的農村形態，家家戶戶的田地都毗鄰相連。如果農夫將得獎的種子分送給鄰居，鄰居們就能改良他們南瓜的品種，也可以避免蜜蜂在傳遞花粉的過程中，將鄰近的較差的品種傳染給自己的品種，這樣農夫才能夠專心致力於品種的改良。

相反，若農夫將得獎的種子私藏，則鄰居們在南瓜品種的改良方面勢必無法跟上，蜜蜂就容易將那些較差的品種傳染給農夫的品種。如此一來，他反而必須在防範外來花粉方面大費周折而疲於奔命。那麼他改良南瓜品種的道路毫無疑問也就會越走越窄，越走越艱難。

3.麻雀和紅襟鳥

在西元一九三〇年代的時候，英國牛奶公司送到訂戶門口的牛奶，既不用蓋子也不封口，因此，麻雀和紅襟鳥可以很容易地喝到凝固在奶瓶上層的奶皮。

後來，牛奶公司把奶瓶口用錫箔紙封起來，想防止鳥類偷吃。沒想到，二十年後，英國的麻雀都學會了用嘴把奶瓶的錫箔紙啄開，繼續吃牠們喜愛的奶皮。然而，同樣是二十年，紅襟鳥卻一直沒學會這種方法，當然牠們也就沒有美味的奶皮可吃了。

這種現象引起了生物學家的興趣，他們開始研究這兩種鳥類。從解剖的結果來看，牠們的生理結構沒有很大區別，但為什麼這兩種鳥在進化上卻有如此大的差別呢？原來，這與牠們的生活習性有很大的關係。

麻雀是群居的鳥類，常常一起行動，當某隻麻雀發現了啄破錫箔紙的方法，就可以教會別的麻雀。而紅襟鳥則喜獨居，牠們圈地為主，溝通僅止於求偶和對侵犯者的驅逐。因此，就算有某隻紅襟鳥發現錫箔紙可以啄破，其他鳥也無法知曉。

對於物種來說，進化需要集體交流和行動。這樣，牠們中的任何一個有了新技能，才可以真正地發揚光大，使物種生生不息。

同樣，對於我們人類來說，想要取得成功，也離不開與他人的溝通與合作。當你孤身一人，與外界充滿隔閡，閉關自守，你就會知道，做一件事是多麼困難，而成功又是多麼遙遠。要知道個人的力量往往微不足道，與他人合作才能產生更大的力量。

做朋友不做敵人

世界上任何事都不是絕對的，今天的競爭對手，很可能就是明天的合作夥伴。所以，你應該盡量多地結識朋友，不可與朋友翻臉。一名企業家就將這一點做到了極致。

企業家在商場上馳騁了半個多世紀，只有對手，沒有敵人。這麼多年來，任何一個國家的人，只要跟他合作之後，都能成為好朋友，從來沒有因任何事鬧過不開心。這不能不令人在驚訝的同時又佩服得五體投地。

他之所以能夠做到這些就在於他為人和善，善於化敵為友。

他一貫的做人準則是「善待他人，做朋友不做敵人」。在任何時候都不以勢壓人，對競爭對手亦是如此。

在收購置地時，企業家與其他三名商人組成財團，已處於絕對優勢，但對方反對收購，他遂決定放棄收購。這固然有收購成本過高的考慮，難能可貴的是，他沒有利用手中的股權逼迫對方高價贖回，而是以市價轉讓給對手，放棄了一個千載難逢的黃金機會，並且附帶了「七年之內不再收購」的條款。這就為以後雙方的合作埋下了伏筆。

對於競爭之後又能成為好朋友這點，最具有說服力的事情，莫過於與老競爭對手的爭奪戰。有一名企業家從沒有為此而與對手公司的高層結為冤家。反而在每一次「戰役」之後，他們都握手言和，繼續聯手發展地產專案。

正因為這名企業家為人慷慨，並且講信用、夠朋友，所以，與他合作過的生意夥伴，無一例外地成了他的朋友。在生意場上，他與合作夥伴的關係是最為人所稱道的。儘管商場充滿了爾虞我詐、弱肉強食，但他對朋友乃至商業上的夥伴，總是那麼坦誠和磊落。

他能夠將事業一步步做大，成為頂級商人，控有香港最大的綜合性財團，多年榮膺香港首富乃至世界華人首富就是得益於「做朋友不做敵人」這一做人原則。

所以說，朋友是非常重要的，就像紅頂商人胡雪巖所說的那樣：「一個人的力量終究是有限的，就算有三頭六臂，又辦得了多少事？要成大事，全靠和衷共濟，說起來我一無所有，有的只是朋友。要把朋友的事當自己的事，朋友才會把你的事當自己的事，沒有朋友，就算有天大的本事，也還是沒有辦法。」

讓生意來找你

正所謂「獨木難成林」，沒有好人緣，不懂得與別人合作的人注定很難成功。企業家在公布自己的生意經時就這麼說：「最簡單地講，人要去求生意就比較難，生意跑來找你，你就容易做，那如何才能讓生意來找你？那就要靠朋友。如何結交朋友？那就要善待他人，充分考慮對方的利益。」正是李嘉誠那異常好的人際關係為他的事業鋪平了道路。

善待他人，充分考慮到對方的利益是他一貫的處世態度。追隨他二十多年的祕書在談到他的合作風格時說：「凡是合作過的人，哪個不是賺得盆滿缽滿？」所以，他才能擁有強大的「智囊團」。叱吒股壇的證券專家也是他「智囊團」中的一位「客卿」。

這位精通證券業務的專家，備受企業家的賞識。他多次參與股權結構、股市集資、股票投資的決策，為企業家在股票一級市場上的發行和二級市場上的收購立下了汗馬功勞。尤其是在西元一九八七年香港股災之前，他成功地集資 100 億港元。

不過，這位證券專家並不是企業家屬下公司的董事，他多次謝絕擔任董事的邀請。他也是企業家眾多「客卿」中唯一不領乾薪的人。這令重情重義的企業家一直覺得欠他一份重情，總想著找機會報答他。

西元一九八八年底，企業家回報的機會終於來了。那年，證券專家與人合夥創辦融資公司，企業家當即發動了連同自己在內的十八路商界大廠參股，為其助威。在十八路商界大廠的大力協助下，公司迅速成長。到西元一九九二年，該集團年盈利已達到了六億六千八百萬港元，成為了商界名副其實的小巨人。此時，企業家又帶領各大廠主動攤薄各自所持的股份，保證創辦人兩人對公司的絕對控股權。

企業家的投桃報李，知恩圖報，善結人緣，又使得證券專家更加專心致志地回報，甘願為他服務，心悅誠服地充當「客卿」。

從某種意義上來說，企業家得眾人的大力相助，也是他「善有善報」的延伸。正所謂「家有梧桐樹，引得鳳凰來」。假如他貪圖眼前利益，做生意時只想著自己，沒有善待他人、利益均霑這棵「梧桐樹」，又怎能引得諸如此類的「鳳凰」來棲呢？就是這個再簡單不過的原則——利益共享，讓這名企業家結交了無數商界朋友，贏來了不可計數的財富，並一舉登上了香港首富、世界華人首富的寶座。

「要照顧對方的利益，這樣人家才願意與你合作，並希望下一次合作。」只要遵循做生意的這個訣竅，生意自然就會來找你。

如果不能戰勝對手，就加入到他們之中

「如果你不能戰勝他們，你就加入到他們中去。」這是西元一九八一年出任美國通用汽車公司董事長的羅傑・史密斯所倡導的原則。正是這個原則拯救了當時差點慘遭淘汰的通用汽車公司。

當時，世界石油供應處於暫時的緊張狀態，通用汽車的競爭對手豐田、本田等日本公司借勢強攻美國市場，並以其品質可靠、油耗低的優點攻城略地。在這種凌厲的攻勢下，通用汽車在一九八〇年代出現了成立以來的首次虧損。

眼看日本汽車的總產量超過美國汽車的總產量，占據了美國市場四分之一以上的份額，通用汽車公司董事長史密斯開始尋求變革。他在裁員數千人以削減開支的同時，將旨在對抗日本進口車的J型車推向市場，但是這種設計上存在缺陷的車型一經推出就折戟沉沙。公司撤下J型車後，花費了上百萬美元研發S型車，但由於成本

高，仍然無法與價格低廉的日本汽車進行對抗。

既然在正面對決中無法取勝，史密斯乾脆偃旗息鼓，尋求合作，加入到競爭對手的陣營中去。從西元一九八一年八月開始，通用透過購買股權等方式，先後成為了日本鈴木和五十鈴的合作者，讓這些公司為其生產低價位的汽車。

此後，經過數月的談判，通用又與豐田汽車公司在西元一九八三年達成聯營協議，雙方在美國設立汽車製造工廠。這樣一來，雙方在史密斯原則下實現了共贏：豐田由此可以避開美國貿易保護壁壘，不用擔心進口配額限制，可以直接進入美國市場。通用則透過合作獲得效能更好的產品和更先進的生產流程，以確保自己在以後的商業競爭中，不至於落後對手太遠。

事實上，史密斯這種加入對方的策略對通用的發展發揮了至關重要的作用。如果他繼續把日本汽車當作敵人，堅持用自主的品牌和技術來進行對抗，那麼，通用辛苦累積起來的市場占有率就會很快被日益強勢的日本汽車吞食殆盡。

史密斯的這一原則為通用贏得了寶貴的時間，使得通用在與日本汽車工業的共生中鞏固了自己的市場，也為通用汽車開發自主的低耗小汽車新技術創造了條件。在短短三年內，通用汽車走出了虧損的谷底，取得了較大的盈利。

在面對競爭時，一般人通常的想法都是「有你無我，誓不兩立」，總是採取一切可能的手段去擊敗競爭對手，將其逐出市場。但是，史密斯卻反其道而行之，轉過身去和競爭對手合作，建立策略聯盟，靠合作來競爭。因為他知道，硬碰硬的競爭往往是兩敗俱傷的結果，而在競爭中採取共生的合作卻不失為明智之舉。

當我們實力比較弱，又面對著強而有力的競爭對手的時候，共生的合作更能為我們掃清障礙，鋪平道路，打開成功之門。

在微軟剛創業時，基本上沒有人知道比爾．蓋茲和他的公司。

與當時的電腦業大亨 IBM 相比，微軟簡直不值一提。在當時，比爾．蓋茲就已經認定，個人電腦將是電腦的主要發展方向，而為它服務的系統軟體也將越來越重要。於是，他組織人員日夜奮戰，研究開發新型的系統軟體。他聽說西雅圖電腦產品公司已經研發出一種被稱為 86 － DOS 的作業系統，就馬上以合適的價格買下其全部的版權，之後組織自己的研究人員進行改進，終於研發出了自己的作業系統 —— MS － DOS 作業系統。

在當時，微軟公司勢單力薄，根本無法完成自己的抱負——向社會推出這項產品。這時，比爾．蓋茲想到了 IBM。

雙方合作的基礎首先是對雙方都有價值。在當時，IBM 想向個人電腦方向發展，但它必須有合作夥伴，IBM 雖然十分強大，但要完成此項開發，軟體上還需要合作。剛好，微軟公司在軟體開發方面具有一定的優勢。

在會面前，IBM 讓比爾．蓋茲簽署了一項保證不向 IBM 談任何機密的協議。IBM 經常採用這種辦法從法律上保護自己。這樣，IBM 今後即使從客戶的設想和資訊中賺錢，客戶也難以起訴。但是，從這一例行公事中，蓋茲立即了解 IBM 是在很認真地和他們商量合作事宜，因為如果 IBM 不想和他談「正經事」的話，就不會擬協議。他興奮地對同伴說道：「夥伴們，機會來了。」

不過直到和 IBM 第二次見面後，蓋茲才意識到，IBM 準備插手個人電腦領域。當時，蓋茲只是認為如果能說服其使用微軟軟體就很好。於是，蓋茲對與 IBM 合作傾注了滿腔熱情。合約的第一項訂貨是操作系統。完成 IBM 的專案，時間緊迫，軟體的成品須在西元一九八一年三月底以前設計完成。比爾．蓋茲帶領自己的夥伴們，向 IBM

交了一份滿意的答案卷。

不久，IBMPC 研發成功了，微軟 MS－DOS 作業系統也成為行業的唯一標準。IBMPC 銷量日增，MS－DOS 作業系統的影響也與日俱增，為其開發的應用軟體也越來越多，從而鞏固了其基礎地位。微軟最終成了最大的贏家。

透過與電腦業巨人 IBM 的成功合作，微軟挖到了自己至關重要的一桶金。正是這桶金成就了微軟後來的輝煌。微軟與 IBM 的合作很好地詮釋了競爭中的合作能為你減少阻力，讓你的事業之路越走越寬。

得到之前，要先學會付出

一個人在沙漠中行走，遇到沙塵暴。一陣狂沙吹過之後，他已認不清的方向。就這樣，他在沙漠中漫無目的地走了很久，直到食物和水全部都用完了。

當他快撐不住的時候，突然發現了一個廢棄的小屋。他拖著疲憊的身體走進了屋子。這是一間不通風的小屋，裡面堆了一些枯朽的木材。他幾近絕望地走到屋角，卻意外地發現了一臺抽水機。

他興奮地上前抽水，但無論他怎麼抽水，也抽不出半滴來。他頹然坐在地上，卻看見抽水機旁有一個用軟木塞堵住了瓶口的小瓶子，瓶上貼了一張泛黃的紙條。紙條上寫著：「你必須將水灌入抽水機才能引水！不要忘了，在你離開前，請再將水裝滿！」

他拔開瓶塞，發現瓶子裡果然裝滿了水！這時，他的內心開始鬥爭起來：如果自私點，只要將瓶子裡的水喝掉，他就不會渴死，就能活著走出這間屋子！如果照紙條說的做，把瓶子裡的水，倒入抽水機內，萬一還是抽不出水，水一去不回，他就會渴死在這地方了。

「到底要不要冒險？」最後，他決定把瓶子裡的水，全部灌入看起來破舊不堪的抽水機裡。他把水灌進去，再用顫抖的手抽水，水真的湧了出來！

他喝足水後，把瓶子裝滿水，用軟木塞封好，然後在原來那張紙條後面，加上了他自己的話：「相信我，真的有用。」

我們在得到之前要先學會付出。建議人們在問「有誰能夠幫助我？」之前先問問自己「我可以幫助誰？」因為在你誠心誠意關心別人時，別人也會同樣關心你；在你幫助別人後，別人也自然願意幫助你。

一個出身貧苦的男孩，為了累積學費而挨家挨戶推銷商品。有一天晚上，奔走了一整天的他又累又渴又餓，但是口袋裡只剩下一枚一塊錢的硬幣了。於是他決定到下一家時，向人家要餐飯吃。然而，當一位美麗的女孩打開房門的時候，他反而失去了勇氣，只要求女孩給他一杯水喝。

美麗的女孩看出了他的疲憊和飢餓，微笑著給他端來一大杯鮮奶。男孩慢慢地喝完牛奶，問道：「我該給您多少錢？」而女孩的答覆卻是：「一分錢也不用付。我媽媽教導我，施以愛心，不圖回報。」

淚水湧上了男孩的眼眶，他輕輕地說：「那麼，就請您接受我由衷的感謝吧！」說完，男孩離開了這戶人家。此時，他不但感到自己的身體又有力氣了，而且也對未來充滿了信心。其實這個男孩原本已準備放棄一切了。

數年後，當年的那個女孩得了一種罕見的重病，當地的醫生束手無策。她的家人只好把她送到大城市去，請那裡的專家來診治。

一位有名的醫生參加了會診。當他看到病歷上的家庭地址時，他的眼中閃過別樣的光芒，他馬上從醫院大廳跑到了樓上的病房。

進了病房，他一眼就認出這位病人就是當年送滿滿一大杯牛奶給他喝的恩人。而當年的那個小男孩如今已是大名鼎鼎的霍華德．凱利醫生了。

凱利醫生回到自己的辦公室，下決心要盡最大的努力來挽救病人的性命。從那天起，他就特別關照這個對自己有恩的病人。經過艱辛的努力，手術獲得了成功。這名女子的病被治好了，她的身體漸漸恢復。

後來，出院的帳單被送到凱利醫生手中，請他簽字。醫生看了一眼帳單，然後在帳單邊緣寫了幾個字，讓人將帳單送進病人的病房。這名女子不敢打開帳單看，因為她知道，她得用全部餘生來償還這筆費用。

最後，她還是鼓起勇氣，打開了帳單，卻驚訝地看到上面寫著這樣一行字：「多年前已用一杯牛奶全部付清。」後面的署名是「霍華德．凱利醫生」。

在人生的漫漫長路中，我們一定會遇到許多的困難。在前進的路上，搬走別人的絆腳石，有時剛好就是在為自己鋪路。幫助別人，有時就是幫助我們自己。生活常常就是這樣。只要你盡可能真誠地幫助別人，成功就會來陪伴你。

夫唯不爭，故天下莫能與之爭

《道德經》中有云：「夫唯不爭，故天下莫能與之爭。」這應該算是競爭的最高境界了。

有一條公車路線，是從小港口開往火車站的。客運公司僅安排兩輛公車來回對開。開一〇一的是一對夫婦，開一〇二的也是一對夫婦。坐車的大多數是船民，他們長期在水上生活。

一〇一路車的女主人很少讓船民替孩子買票，即使是一對夫婦帶幾個孩子，她也不去計較，只要求船民買兩張成人票。有的船民過意不去，執意要替大點的孩子買票，她就笑著對船民的孩子說：「下次你帶個小河蚌來，好嗎？這次讓你免費坐車。」

一〇二路車的女主人恰恰相反，只要帶孩子，大一點的孩子要全票，小一點的也得買半票。她總是說，這車是承包的，每月要向客運公司交多少錢，哪個月不交，馬上就做不下去了。船民們也理解，生意不好做，幾個人就掏幾張票的錢，因此，每次也都相安無事。

三個月後，一〇二路車不見了，聽說停開了。它應驗了一〇二路車女主人的話「馬上就做不下去了」，因為搭她車的人很少。

一〇一路車的女主人了解「爭是不爭，不爭是爭」的道理。爭得一時的利益，最後可能反而什麼也得不到。對這一點，三國時的曹丕也非常清楚。

曹操對接班人的挑選很慎重。曹丕雖為太子，但曹植更有才華，很受曹操器重。於是曹操便有了更換太子的念頭。

曹丕在得知這個消息後十分恐慌，急忙向他的大臣賈詡請教對策。賈詡說：「願您有德行和度量，像個寒士一樣做事，兢兢業業，不要違背做兒子的禮數就行了。」曹丕深以為然。

有一次曹操親征，曹植做了一篇歌功頌德的文章來討父親歡心，並顯示自己的才能。而曹丕卻伏地而泣，跪拜不起，一句話也不說。當曹操詢問他原因時，曹丕便哽咽著說：「想父王年事已高，還要掛帥親征，我心裡是既擔憂又難過，因此說不出話來。」

一言出口，滿朝肅然，大家都為太子的仁孝而感動。反而覺得曹植只知道為自己揚名，有悖人倫孝道，恐怕難以做繼任者。畢竟寫文章不能代替德行和治國的才能，結果太子還是原先的太子。曹操死後，曹丕順理成章地繼承了魏王的王位。

其實最初，曹丕是極不甘心自己的太子之位被奪走的。他想拚死一爭，卻又知道自己的才華遠在曹植之下，勝算極微。但他是個聰明人，一經賈詡點化頓時理解：與其爭不贏，不如不爭，我只需恪守太子的本分，讓對方一個人盡情去表演吧！最後，這場兄弟之爭，以不爭者勝而告終。正因為不與人相爭，所以遍天下沒人能與他相爭。

第十三章 自我發光：用內在的力量點亮人生

在路上，只要你保留著自己的夢想、熱情、活力，實踐著，努力著，相信每個人的人生之路定會越走越寬，越走越明亮！

心中有燈，到哪都有光明

在海邊的一個小漁村，住著老漁夫和他的兒子。漁夫的妻子早已離開了人世，只有父子二人相依為命，他們生活雖然清苦，但也不乏快樂。

父子二人晚上常常高掛桅燈，搖著一葉扁舟到海裡捕蟹。第二天再把捕到的蟹拿到集市上去賣。夜晚捕蟹是他們生活的希望，所以那滿艙的星光，滿懷的明月，是老漁夫夢中的希望之光。

可惜，老漁夫偏偏患了眼疾，因為沒有能夠及時治療，病情惡化，老漁夫漸漸看不清東西，但是他不捨得兒子一個人出海，仍然每晚堅持陪伴兒子下海捕蟹。

有一個夜晚，漁夫父子正在捕蟹，突然陰雲亂滾，惡浪洶湧，猛烈的海風嘩啦一下就拍碎了桅燈，他們頓時被捲入了黑色的漩渦，覆舟在即。

「爸爸，我辨不出方向啦！」正在掌舵的兒子絕望地喊起來。老漁夫踉蹌地從船艙裡出來，推開兒子，自己掌起了舵。他是那樣穩健，看不出有絲毫驚慌和恐懼，就像一個與風浪鬥爭的勇士。

終於，小船劈開風浪，靠向燈火閃爍的碼頭。

「爸爸，您視力不好，怎麼還能準確地辨別出方向？」兒子不解地問。「我的心裡裝著盞燈呢。」老漁夫悠悠答道。人生之路可能坎坷不平，可能要經歷黑暗，但你自己心中一定要有盞燈，要給自己一個成功的理由，一個成功的目標。只要你的心中有燈，那麼走到哪裡都有光明。

購買一個夢想

西元二〇〇二年十一月二十八日，是美國特有的節日——感恩節。在這個節日到來的前三天，芝加哥市一位名叫賽尼．史密斯的中年男子向當地法院遞交了一份訴狀，要求贖回自己去埃及旅行的權利。這樣的訴狀在美國社會，應該說十分普通。然而，不知是因為它涉及的內容跟平常不同，還是別的什麼原因。總之，該案在美國社會引起了軒然大波。

這起案子的案情十分簡單。它發生在四十年前，當時賽尼．史密斯六歲，在威靈頓小學讀一年級。有一天，品行課老師瑪麗．安小姐讓他們各說出一個自己的夢想。全班二十四名同學都非常踴躍，尤其是賽尼，他一口氣說出了兩個：一個是擁有自己的一頭小母牛；另一個是去埃及旅行一次。

當瑪麗．安小姐問到一個名叫傑米的男孩時，不知為什麼，他竟一下子沒了夢想。為了讓傑米也擁有一個自己的夢想，她建議傑米向同學購買一個。於是在瑪麗．安小姐的見證下，傑米用六美分向擁有兩個夢想的賽尼買了一個。由於賽尼當時太想擁有一頭自己的小母牛了，他就賣了第二個夢想——去埃及旅行一次。

四十年過去了，賽尼．史密斯已人到中年，並且在商界小有成就。

四十年來，他去過很多地方——瑞典、丹麥、希臘、沙特、中國、日本，然而他從來沒有去過埃及。難道他沒想過去埃及嗎？想過。據他說，從他賣掉去埃及的夢想之後，他就從來沒忘記過這個夢想。然而，作為一個虔誠的基督徒和一個誠信的商人，他不能去埃及，因為他把這一行為連同那一個夢一起賣掉了。

西元二〇〇二年感恩節前夕，他和妻子打算到非洲旅行一次，在設計旅行線路時，妻子把埃及金字塔作為其中的一個觀光項目。賽尼．史密斯再也忍不住了，他決定贖回那個夢想，因為他覺得只有那樣，他才能坦然地踏上那片土地。

賽尼．史密斯能贖回那個夢想嗎？他沒能夠。因為經聯邦法院審定，那個夢想價值三千萬美元，賽尼．史密斯要贖回去，就會傾家蕩產。那個夢想的價值是怎麼判定的呢？我們從傑米的答辯狀中可以找到答案。

傑米在答辯中是這麼說的：在我接到史密斯先生的律師送達的副本時，我正在打點行裝，準備全家一起去埃及。這好像是我一口回絕史密斯先生要求贖回那個夢想的理由。其實，真正的理由不是我們正準備去埃及，而是這個夢想的價值。

現在各位都非常清楚，小時候我是個窮孩子，窮到不敢有自己的夢想。然而，自從我在瑪麗小姐的鼓勵下，用六美分從史密斯先生那裡購買了一個夢想之後，我徹底地變了，變得富有了。我不再淘氣，不再散漫，不再浪費自己的光陰，我的學習有了很大的進步。

我之所以能考上華盛頓大學，我想完全得益於這個夢想，因為我想去埃及。

我之所以能認識我美麗賢惠的妻子，我想也是得益於這個夢想，她是一個對埃及文明著迷的人，如果我不是購買了那個夢想，我們絕不會在圖書館裡相遇，更不會有一段浪漫迷人的戀愛時光。

我的兒子現在在史丹佛大學讀書，我想也是得益於這個夢想，因為從小我就告訴他，我有一個夢想，那就是去埃及，如果你能獲得好的成績，我就帶你去那個美麗的地方。我想他就是在埃及的召喚下，走入史丹佛大學的。

現在我在芝加哥擁有六家超市，總價值兩千五百萬元左右。我想如果我沒有那個去埃及旅行的夢想，我是絕不會擁有這些財富的。尊敬的法官和陪審團的各位女士們、先生們，我想假如這個夢想是屬於你們的，你們一定會認為這個夢已經融入了你們的生命之中，已經和你們的生活、你們的命運緊密相連，密不可分。你們一定會認為，這個夢想就是你們的無價之寶。

誰能想到，贖回一個六美分賣掉的夢想，竟然要花上三千萬美元。從這個故事中，我們也可以看到夢想的巨大力量。

夢想源於人類的想像，許多偉大的發明都是由想像而來的。想像是鮮活存在著的力量，是一種最奇妙的活動著的力量，也是存在於宇宙之中最不可抗拒的力量。想像並不是抽象的東西，也不是不可捉摸、虛無縹緲的東西。人們享受的一切物質，都是工程師或建築師以他們頭腦中的構想為基礎來設計完成的。也就是說，人造的一切物體皆源於人類的想像力。

想像可以憑藉心靈的作用，使夢想變為現實。所以說，人生因夢想而高飛，我們每一個人都應該擁有自己的夢想。有了夢想，你才有了努力的方向，才能因夢想的引導一步步走向成功。心中倘若沒有了夢想，就像身處濃霧中沒了指引，一片迷茫。

在路上，只要你保留著自己的夢想、熱情、活力，實踐著、努力著，相信每個人的人生之路，都會越走越寬，越走越明亮！

夢想的力量

三個工人在砌一堵牆。有人過來問他們：「你們在做什麼？」

第一個人沒好氣地說：「沒看見嗎？砌牆。」

第二個人抬頭笑了笑說：「我們在蓋一棟高樓。」

第三個人邊工作邊哼著小曲，他滿面笑容開心地說：「我們正在建設一座新城市。」

十年後，第一個人依然在砌牆；第二個人坐在辦公室裡畫圖紙——他成了工程師；第三個人呢，是前兩個人的老闆。

一個人想要生活幸福，事業成功，就必須有一個時刻激勵自己的夢想。只要有著這樣一個夢想，你才能對自己有更美好的規畫，也才能更有信心地前進、開拓。

每一個成功者在最初都有一個美好的夢想，正是這些夢想使人勇往直前地朝自己的目標前進。你不要抱怨說我沒有好的條件，因為夢想比條件更重要。至少下面這個故事中的女生就不具備大家所認為的打籃球需要的條件，但她最終實現了自己的夢想。

有個女生每天都會在籃球場上苦練，有時一直練到天黑。問她為什麼練得這麼刻苦。她不假思索地說：「我想上大學。但爸爸說，他沒有能力供我上大學，唯一的辦法就是靠自己爭取獎學金。我喜歡打籃球，我要把籃球打好，有了這個特長，我就能申請獎學金。」

為了心中的這個夢想，從高一到高三，她矯健的身影每日都會出現在球場上。然而，有一天她卻雙臂抱膝，把頭埋在胸前坐在球場邊的草地上。她的媽媽關切地詢問她發生了什麼。

「沒什麼，」她輕聲地回答，「只是因為我個子太矮了。」教練告訴她，任何一個大學籃球隊都不會錄用一個身高只有一百六十七公分的人。這樣，她希望透過籃球特長獲取獎學金的夢想就很難實現了。

她的媽媽接著問她：「有沒有和爸爸談過這件事情？」聽到這個問題，她抬起頭說：「爸爸認為，教練不懂得夢想的能量，如果我真的想獲得獎學金，就沒有什麼能阻止我，除非我自暴自棄。因為夢想比條件更重要。」

爸爸的話給了她力量。她將這句話時刻記在心底，以此來鼓勵自己。終於，在第二年的高中生籃球錦標賽上，由於她在場上的出色表現，一所大學的籃球教練看中了她。她終於實現了自己的夢想，如願以償地獲得了獎學金，成了一名大學生。

現在，你相信夢想的力量了嗎？其實，只要你不向現實妥協，你就能夠實現自己的夢想。事實上，很多傑出人物正是懷著自己的夢想，堅決不向現實妥協才有了後來的成功，例如德國前總理施羅德。由於施羅德身材矮小，出身低微，很多人都不看好他，《明鏡》週刊總編納倫曾經罵部下說，報導施羅德純粹是浪費。但施羅德自己堅定地說：「我想當總理，你們等著瞧吧！」最終施羅德成功地當上了總理。

德國前總理柯爾在十七歲時也曾說過：「有朝一日我要當這個州的一隻手！」不過他後來比這走的還要遠。所以，無論任何時候，請你記住——夢想比條件更重要。

奇蹟的萌發點

巴拉昂是一位年輕的媒體大亨，以推銷裝飾肖像畫起家，在不到十年的時間裡，迅速躋身於法國五十大富翁之列。西元一九九八年，巴拉昂因前列腺癌在法國博比尼醫院去世。臨終時，他留下遺囑，將價值四億六千萬法郎的股份捐獻給博比尼醫院，用於前列腺癌的研究；另有一百萬法郎作為獎金，獎勵揭開貧窮之謎的人。

巴拉昂去世後，法國《科西嘉人報》刊登了他的一份遺囑。他說，我曾是一個窮人，去世時卻是以一個富人的身分走進天堂的。在跨入天堂的門檻之前，我不想把我成為富人的祕訣帶走，現在祕訣就鎖在法蘭西中央銀行我的一個私人保險箱內，保險箱的三把鑰匙在我的律師和兩位代理人手中。誰若能透過回答「窮人最缺少的是什麼」而猜中我的祕訣，他將能得到我的祝賀。當然，那時我已無法從墓穴中伸出雙手為他的睿智歡呼，但是他可以從那只保險箱裡拿走一百萬法郎，那就是我給予他的掌聲。

遺囑刊出之後，《科西嘉人報》收到大量的信件，有的罵巴拉昂瘋了，有的說《科西嘉人報》為提升發行量在炒作，但是多數人還是寄來了自己的答案。

絕大部分人認為，窮人最缺少的是金錢。窮人還能缺少什麼？當然是錢了，有了錢，就不再是窮人了。

還有一部分人認為，窮人最缺少的是機會。一些人之所以窮，就是因為沒遇到好時機：股票瘋漲前沒有買進，股票瘋漲後沒有賣出。總之，窮人都窮在背時上。

另一部分人認為，窮人最缺少的是技能，現在能迅速致富的都是有一技之長的人。一些人之所以成了窮人，就是因為學無所長。

還有的人認為，窮人最缺少的是幫助和關愛。每個黨派在上臺前，都給失業者大量的承諾，然而上臺後真正關愛他們的又有幾個？

另外還有一些其他答案，比如：窮人最缺少的是漂亮、是皮爾．卡登外套、是《科西嘉人報》、是總統的職位、是沙託魯城生產的銅夜壺等等。總之，五花八門，應有盡有。

巴拉昂逝世週年紀念日，律師和代理人按巴拉昂生前的交代在公證部門的監督下打開了那個保險箱，在四萬八千五百六十一封來信中，有一位叫蒂勒的小女孩猜對了巴拉昂的祕訣，蒂勒和巴拉昂都認為窮人最缺少的是野心，即成為富人的野心。

在頒獎之日，《科西嘉人報》帶著所有人的好奇，問年僅九歲的蒂勒，為什麼想到的是野心，而不是其他。蒂勒說：「每次，我姐姐把她十一歲的男朋友帶回家時，總是警告我說不要有野心！不要有野心！我想，也許野心可以讓人得到自己想得到的東西。」

巴拉昂的謎底和蒂勒的回答見報後，引起不小的影響，這種影響甚至超出法國，波及英美。

一些好萊塢的新貴和其他行業幾位年輕的富翁就此話題接受電臺的採訪時，都毫不掩飾地承認：野心是永恆的特效藥，是所有奇跡的萌發點。某些人之所以貧窮，大多是因為他們有一個無可救藥的弱點，即缺乏野心。要想成功，僅僅存有成功的希望是不夠的，最重要的是要有強烈的成功的欲望。

隨便怎麼樣都行怎麼行

你有自己的人生目標嗎？你有什麼要達成的心願嗎？你清楚自己人生的航向嗎？如果對這些問題你都沒有認真地想過，沒有清晰的人生目標，那你就像一艘沒有舵的船，只能隨波逐流、漂泊不定，到不了成功的彼岸。

研究證明，有一個明確的奮鬥目標是非常重要的。耶魯大學曾對畢業生進行了一次有關人生目標的追蹤調查。

在開始的時候，研究人員向參與調查的學生們問了這樣一個問題：「Do you have goals？（你們有人生目標嗎）？」對於這個問題，只有百分之十的學生確認他們有目標。然後研究人員又問了學生們第二個問題：「If you have goals, do you have them written down？（如果你們有目標，那麼，你們是否把自己的人生目標寫下來了呢）？」

這次，總共只有百分之四的學生的回答是肯定的。二十年後，當耶魯大學的研究人員在世界各地追訪當年參與調查的學生們的時候，他們發現，當年白紙黑字把自己的人生目標寫下來的那些人，無論從事業發展還是生活水準上說，都遠遠超過了另外那些沒有這樣做的受訪者。不說別的，這百分之四的人所擁有的財富居然超過了剩下百分之九十六的人的總和！

看到這，你也許對這樣的結果感到很驚訝，但明確的目標對人獲得成功的推動力是毫無疑問的。很多人之所以沒能成功，並不是他們努力不夠，而主要是因為他們沒有選定清晰的目標。只有讓目標引導人生的人，才可以乘風破浪，直達成功的彼岸。

羅斯福總統的夫人埃莉諾在大學讀書時打算邊學習邊工作，她希望能在電信行業找份工作，這樣就可以多學點東西。她的父親幫她聯絡到自己的一位老朋友，時任美國無線電公司董事長的薩爾洛夫將軍。

薩爾洛夫熱情地接待了她，問她：「你想要什麼樣的工作，做哪一個職位？」埃莉諾想，任何職位我都喜歡，無所謂選不選了，便回答：「隨便哪個職位都行！」

將軍凝視著埃莉諾的眼睛，嚴肅地說：「年輕人，世上沒有一類工作叫『隨便』，成功的道路是由目標鋪成的！」這件事使埃莉諾意識到了明確目標的重要性。

成功的前提就是要有一個明確的目標。因為明確的奮鬥目標是一種對自己的鞭策，能讓人產生前進的動力。長遠的目標還會督促你努力朝一個固定的方向前進，而不會隨便被其他事情分散精力。

可能很多人會說，我們也都替自己設立了目標啊，可是總是實現不了。如果是這樣的話，那你需要重新衡量一下自己的目標，看看自己的目標是不是切實可行，是不是超出了自己的能力範圍。如果都不是的話，那就是我們覺得成功太遙遠，因為倦怠而放棄。其實，要達成目標也是需要一定技巧的。

針對如何實現長期的目標，美國管理學家古特雷提出：每一處出口都是另一處的入口。上一個目標是下一個目標的基礎，下一個目標是上一個目標的延續，把你的長期目標化整為零，分成好幾個小目標，一小段一小段來實現。這樣，你從一開始就能看到成功的希望，就有走下去的動力，也就不會因終點太遙遠而倦怠。在這一點上，我們可以向下面那隻聰明的猴子學習。

古印度人有個捕捉猴子的妙法：在群猴經常出沒的原始森林裡，放上一張有抽屜的桌子，抽屜裡放一個蘋果或者桃子，然後將抽屜拉到猴子的手能伸進去而蘋果或桃子拿不出來的程度，獵人就可遠離桌子靜靜地安心等待。每一次，獵人都可看見這麼一幅可愛的畫面：猴子將手伸進抽屜裡取蘋果或桃，卻怎麼也取不出來，而猴子又死活不肯放棄，於是，貪婪的猴子急得兩眼冒綠光，卻又一籌莫展。

這種古老的方法使很多猴子輕而易舉地成了獵人手到擒來的獵物。

有一天，一個獵人又用這個辦法準備抓一隻在附近活動了很久的猴子。

沒多久，那隻猴子終於探頭探腦走到了桌子旁邊。牠先將一隻手伸進抽屜裡取蘋果，但蘋果太大，抽屜縫又太小，任牠怎麼努力也取不出來。於是猴子又將另一隻手也伸了進去。兩隻手臂飛快地在抽屜裡翻動。沒多久，一個又大又圓的蘋果被牠用尖利的指甲摳成一堆蘋果碎塊，猴子丟掉果核，用手掏出抽屜裡的蘋果碎塊有滋有味地吃起來。吃完後，牠心滿意足地揚長而去。

這隻聰明的猴子懂得將蘋果摳成碎塊化整為零，牠因此成功地獲取了整個蘋果。目標雖大，只要你將其一點點分解，一個個實現，雖然每次得到的只是其中的一點點，但一次又一次的積累，終將使你實現那個長期遠大的目標。

現在，好好設定你的人生目標吧。一旦你確立了明確的目標並努力朝它前進，一個嶄新的世界就會呈現在你面前。新生活從確立目標開始！

專注於一個目標

在南美洲的亞馬遜河邊，有一群羚羊在那裡悠然地吃著青青的長草。一隻獵豹隱藏在遠遠的草叢中，豎起耳朵四面旋轉。牠覺察到了羚羊群的存在，於是悄悄地、慢慢地接近羊群。越來越近了，突然羚羊有所察覺，開始四散逃跑。獵豹像百公尺運動員那樣，瞬時爆發，像箭一樣地衝向羚羊群。牠的眼睛盯著一隻未成年的羚羊，一直向牠追去。

羚羊跑得飛快，但豹跑得更快。在追與逃的過程中，獵豹超過了一隻又一隻站在旁邊觀望的羚羊。牠沒有掉頭改追這些更近的獵物，而是一股勁地朝著那隻未成年的羚羊瘋狂地追去。那隻羚羊已經跑累了，豹也累了，在累與累的較量中，最後只能比速度和耐力。終於，獵豹的前爪搭上了羚羊的屁股，羚羊倒下了，豹子朝著羚羊的脖子狠狠地咬了下去。

可以說，肉食性動物在選擇追擊目標時，總是選擇那些老弱病殘，而且一旦選定目標，通常不會輕易放棄。因為中途轉向其他目標會使精力有所損耗，從而使其他目標更難達到，最後的結果也必定是一無所獲。

人類在追逐目標的過程中，需要借鑑動物的這種智慧。既然選擇了一個目標，就不要讓這個目標輕易地失去。一旦你調整、確定了方向，就應該專注於一件事情。因為一個人的精力是有限的，「真正贏家會把精、氣、神集中於一擊。」就像有人問愛迪生：「成功的第一要素是什麼？」

愛迪生回答說：「能夠將你身體與心智的能量鍥而不捨地運用在同一個問題上而不會厭倦的能力……你整天都在做事，不是嗎？每個人都是。假如你早上七點起床，晚上十一點睡覺，你做事就做了整整十六個小時。對大多數人而言，他們一定是一直在做一些事，唯一的問題是，他們做很多很多事，而我只做一件。」

如果一個人過於努力想把所有事情都做好，那他最終只會一事無成。要在有限的生命裡完成一流的事業，他就必須有所選擇、有所堅持、有所放棄，集中全部精力專注地去做一件事。

釘書機是我們工作中很常用的辦公用具，然而，你有沒有想過，上百張紙疊在一起，連非常鋒利的刀也不容易一次性穿過，為什麼那短短細細，看起來一點也不堅硬的釘書針，居然能夠一下子穿透那厚厚的一疊紙？真正的原因，是由於釘書針把所有的力量都集中在了兩個點上，集中用力。

有很多看起來很聰明的人，他們忙忙碌碌，能夠同時做很多事情。他們給人的感覺非常能幹，能力很強。可是往往到最後，這些人並不能真正做成什麼事。反而，這世上有許多人，看起來很普通，也沒什麼特別出眾的才能，卻能成就偉大的事業。這都是因為他們能像釘書針一樣，認清目標，集中全力，不徬徨，不遲疑，奮鬥到底。

一個人圍著一件事轉，最後全世界可能都會圍著他轉；一個人圍著全世界轉，最後全世界可能都會拋棄他。淺嘗輒止、見異思遷是摘不到成功果實的。當你選擇好屬於自己的「一件事」時，你應該全身心地投入到那「一件事」上，不輕易放棄也不輕易改變，只有這樣，你才能有所收穫。

對無足輕重的事情不動心

有一次，一隻老鼠向獅子挑戰，要與他決一雌雄。獅子果斷地拒絕了。

「怎麼，」老鼠說，「你害怕嗎？」

「非常害怕，」獅子說，「如果答應你，你就可以得到曾與獅子比武的殊榮；而我呢，以後所有的動物都會恥笑我竟和老鼠打架。」

和老鼠打架的麻煩就在於，即使贏了，老鼠仍然是一隻老鼠。你如果與一個不是同一重量級的人爭執不休，只會浪費自己的很多資源，降低人們對你的期望，並無意中提升了對方的層面。

有位諮詢專家在進行一次大型演講時，臺下的一位聽眾對他的某些觀點並不認同，於是便刁難諮詢專家所提出的某些論點。如果僅僅是就不同的觀點進行討論也就算了，這位聽眾還說出了許多侮辱性的詞語，企圖能引發二人之間的舌戰。

可是，演講者在聽完那位聽眾的話後，只是說了聲「好的」，便繼續進行演講，根本沒有理會對方的不敬之詞。這樣一來，那位聽眾當然是自討沒趣了。

當別人指責或攻擊我們時，很多人會打亂自己的計畫安排去應付那些無休止的指責。其實，聰明的人應當對那些無足輕重的事情無動於衷。因為我們所做的任何一件事，絕不可能令所有人都感到滿意。有些無事生非的人只是習慣性地找碴生事，如果你受他們的影響或分散精力去反擊，只會如同艾布蘭將軍所說的：「別跟豬打架，不然到時你弄得一身泥，而牠們卻樂得很呢！」

「明智的藝術就是清醒地知道該忽略什麼的藝術。」所以不要被不重要的人和事過多地打攪，因為「成功的祕訣就是抓住目標不放」。

要知道，成功者是沒有多少時間可以浪費的。你要在並不長的生命中到達成功的巔峰，就必須放棄或減少爭執、答辯和澄清；必須不為小事所纏；必須具備很快分辨出什麼是無關事項的能力，然後立刻砍掉它。因為瑣事不但會占據你的空間，更重要的是會消磨你的意志。

後記

為什麼人生的路越走越窄呢？

為什麼人生的選擇越來越少呢？

為什麼人生的自我越來越丟失呢？

如果您是帶著這些疑惑來閱讀這本書的，那麼希望在您看完這本書後，能夠對您心中的這些疑惑有一些小小的幫助。這是我最大的願望。

一本好書的出版注定要熔鑄很多人的努力，這本書能夠順利出版，要感謝為書稿付出辛苦的工作人員，也要感謝鄧東文、劉光紅、徐曉瑩等朋友在本書策劃、編輯過程中的幫助。本書在編寫過程中，參閱了大量的書籍及資料，在此也表示感謝。當然，還有眾多的讀者，正是你們的支持，才是我前進的動力。

對於本書的紕漏與不足之處，真誠希望讀者來函交流、指正。

讀者信箱：zwbook@foxmail.com

西武

電子書購買　　爽讀 APP

國家圖書館出版品預行編目資料

安逸的代價！成長始於離開舒適圈：從僵化到改變，找出停滯不前的癥結 / 西武 著 . -- 第一版 . -- 臺北市：財經錢線文化事業有限公司 , 2025.02
面；　公分
POD 版
ISBN 978-626-408-156-6(平裝)
1.CST: 自我實現 2.CST: 生活指導
177.2　　　　114000530

安逸的代價！成長始於離開舒適圈：從僵化到改變，找出停滯不前的癥結

臉書

作　　者：西武
責任編輯：高惠娟
發 行 人：黃振庭
出 版 者：財經錢線文化事業有限公司
發 行 者：崧燁文化事業有限公司
E-mail：sonbookservice@gmail.com
粉 絲 頁：https://www.facebook.com/sonbookss/
網　　址：https://sonbook.net/
地　　址：台北市中正區重慶南路一段 61 號 8 樓
8F., No.61, Sec. 1, Chongqing S. Rd., Zhongzheng Dist., Taipei City 100, Taiwan
電　　話：(02) 2370-3310　　**傳　　真**：(02) 2388-1990
印　　刷：京峯數位服務有限公司
律師顧問：廣華律師事務所 張珮琦律師

定　　價：399 元
發行日期：2025 年 02 月第一版
◎本書以 POD 印製